ESTUDIOS CONSTITUCIONALES SOBRE LA PANDEMIA

ESTUDIOS CONSTITUCIONALES SOBRE LA PANDEMIA

Ignacio Álvarez Rodríguez

COLEX 2023

© Editorial Colex, S.L.
Calle Costa Rica, número 5, 3.º B (local comercial)
A Coruña, C.P. 15004
info@colex.es
www.colex.es

I.S.B.N.: 978-84-1359-846-8
Depósito legal: C 429-2023

SUMARIO

CAPÍTULO 1
LA PANDEMIA EN SUS NORMAS

1. Introducción 11
2. Los estados excepcionales 13
3. Régimen constitucional del estado de alarma 17
4. Una mirada al Derecho Comparado 19
5. Reglas comunes de las crisis constitucionales 25
6. El estado de alarma en sus detalles 27
7. Práctica del estado de alarma 32
8. Recordatorio sobre la suspensión de derechos fundamentales 48
   A. Suspensión general de derechos 48
   B. Suspensión individualizada de los derechos 53
9. Jurisprudencia sobre el estado de alarma 55
10. A modo de reflexión final 59

CAPÍTULO 2
LOS SUCESIVOS ESTADOS DE ALARMA

1. Introducción 61
2. Llega la pandemia 62
3. Tres estados de alarma y sus prórrogas 62
4. La *díscola* Madrid y el artículo 155 CE 68
5. Combatir la pandemia con la Constitución en la mano 73
6. A modo de reflexión final 78

CAPÍTULO 3
LAS FUNCIONES CONSTITUCIONALES DEL GOBIERNO EN PANDEMIA

1. Planteamiento 79
2. La función de dirección política 80
3. La dirección de la política interior. 80
   A. La dirección de la política exterior. 83
   B. La función de dirección de la administración civil y militar. La defensa del Estado 85
4. La dirección de la Administración civil. 85
   A. La dirección de la Administración militar 87
   B. La defensa del Estado 88
5. La función ejecutiva: la potestad reglamentaria. 90
   A. El Reglamento en el marco de las fuentes del Derecho 90
   B. El Reglamento como norma típica emanada del Gobierno 91
6. El control de los actos del Gobierno 92
   A. Control jurídico. 92
   B. Control político. 92
7. El rol del Consejo de Estado y del Tribunal de Cuentas 94
   A. El Consejo de Estado 94
   B. El Tribunal de Cuentas 96
   C. Reflexión final. 97

CAPÍTULO 4
CONTROL JUDICIAL Y ESTADO DE ALARMA

1. Introducción 99
2. Derecho fundamental a la libre circulación 99
   A. Confinamientos no generales 100
   B. Toque de queda 101
3. Derecho fundamental a la libre reunión y manifestación. 102
   A. Las manifestaciones del Día del Trabajador 102
   B. El ATC de 30 de abril de 2020 103
   C. Manifestaciones convocadas por VOX 104
4. El derecho fundamental al sufragio y los procesos electorales 105

CAPÍTULO 5
REFLEXIONES METACONSTITUCIONALES

1. Salud, economía y soledad 109
2. El Derecho desbocado 111

3. Sufrimiento, dolor, moral, fracaso 115
4. Cuando la política se encontró a la ciencia 119
5. La infodemia campa por sus respetos 121
6. Concentración rota y estrés constante 124
7. La ignorancia no siempre es mala 126
8. Desde la Filosofía del Derecho 128
9. El tiempo y la esperanza 130
10. El COVID-19, la derecha y la izquierda 131

CONCLUSIONES

Conclusiones 133

BIBLIOGRAFÍA

Bibliografía 135

CAPÍTULO 1

LA PANDEMIA EN SUS NORMAS

1. Introducción

En momentos de tribulación, conviene recordar lo obvio para saber de dónde partimos. La Constitución Española de 1978 es la norma suprema de nuestro ordenamiento jurídico. En ella se refleja el espíritu democrático y jurídico que vertebra las bases de nuestro Estado de Derecho, dota a los ciudadanos de una serie de derechos fundamentales, bebiendo de las mejores corrientes constitucionalistas europeas de los siglos XIX y principios del XX.

Tal y como ha podido decir la doctrina, los derechos fundamentales conforman el elemento estructural del Estado de Derecho, de manera que difícilmente pueden concebirse ambos polos como realidades separadas: sólo allí donde se reconocen y garantizan los derechos fundamentales existe Estado de Derecho y sólo donde está establecido el Estado de Derecho puede hablarse de auténtica efectividad de los derechos fundamentales[1].

Es esta inspiración en el constitucionalismo europeo de los siglos XIX y XX donde se da pábulo a la dicotomía (que encontramos en todos los Estados de iure) entre derechos y obligaciones. Estos dos elementos, no obstante, no constituyen partes contradictorias en el Derecho Constitucional, sino que actúan como entes complementarios. No podría haber derechos sin obligaciones, como tampoco cabrían obligaciones sin derechos. Es precisamente la propia naturaleza de las obligaciones la que, cuando son asimiladas y cumplidas por los ciudadanos sujetos a estas, hace que se conserven y se consoliden los derechos fundamentales.

No es infrecuente que los derechos fundamentales sean limitados en favor de la eficacia de otros derechos fundamentales, a través de medidas restrictivas de los mismos. Tales límites deben ser, en todo caso, compatibles con la

---

1 *Vid.* LÓPEZ GUERRA, L; *La Constitución de España*, Tirant lo blanch, Valencia, 2019, p. 31 y ss.

letra constitucional. En situaciones de normalidad, la actividad institucional del Estado debe salvaguardar el cumplimiento de los derechos fundamentales. Sin embargo, a lo largo y ancho de la Historia diversos sucesos nos han demostrado que, como sociedad, hemos tenido que enfrentar situaciones límite que han conllevado una severa restricción de determinados derechos individuales.

Cabe destacar que, a pesar de que en ocasiones nos veamos obligados a restringir ciertos derechos, tal extremo se debe a una situación excepcional, que a su vez reviste especial gravedad. Por eso las Constituciones modernas suelen regular el qué, cómo, cuándo y por qué del llamado Derecho de excepción. Pautas comunes a este suelen ser una fuerte restricción temporal, amén de la correcta observancia de la proporcionalidad, finalidad y necesidad constitucionales de la limitación. A nadie se le escapa que ningún poder ejecutivo tendrá la tentación de limitar los derechos fundamentales más de lo estrictamente necesario. La cuestión es, evidentemente, saber qué integra lo estrictamente necesario, máxime cuando «en la época de saturación del mundo, la convivencia exige que se rebaje, por así decir, la temperatura de los derechos, empezando por los más pretenciosos y voraces. En caso contrario, tendremos que prepararnos para lo peor»[2].

Así lo ha reconocido el Tribunal Constitucional en numerosas sentencias donde ha reiterado la necesidad de una fundamentación especialmente rigurosa para aceptar la constitucionalidad de las limitaciones a los derechos fundamentales se vean limitados. Sin ir más lejos, podemos traer a colación las SSTC 22/1984 y 120/1990, ya clásicas en lo atinente a la prohibición constitucional de restricción indiscriminada de derechos fundamentales.

En cuanto a la primera, allí dijo nuestro Juez Constitucional que «existen ciertamente fines sociales que deben considerarse de rango superior a algunos derechos individuales, pero ha de tratarse de fines sociales que constituyan en sí mismos valores constitucionalmente reconocidos y la prioridad ha de resultar de la propia Constitución. Pero no ocurre esto en materia de inviolabilidad de domicilio, donde la Constitución no dice qué deba sacrificarse a cualquier fin social, y únicamente menciona de modo expreso la presunción de un delito flagrante como causa bastante para el sacrificio del derecho» (FJ 3).

Respecto a la segunda, no menos contundente resulta el Tribunal Constitucional cuando argumenta lo que sigue: »conviene tener presente, de una parte, que sólo ante los límites que la propia Constitución expresamente imponga al definir cada derecho o ante los que de manera mediata o indirecta de la misma se infieran al resultar justificados por la necesidad de preservar otros derechos constitucionalmente protegidos, pueden

2 *Vid.* Zagrebelsky, G; *Derechos a la fuerza*, Trotta, Madrid, 2023, p. 47 (la edición original en italiano es del prepandémico año 2017).

ceder los derechos fundamentales, y, de otra, que, en todo caso, las limitaciones que se establezcan no pueden obstruir el derecho «más allá de lo razonable», de modo que todo acto o resolución que limite derechos fundamentales ha de asegurar que las medidas limitadoras sean «necesarias para conseguir el fin perseguido» y ha de atender a la "proporcionalidad entre el sacrificio del derecho y la situación en que se halle aquel a quien se le impone"» (FJ 8).

La problemática que plantea la suspensión colectiva de derechos, no obstante, va más allá de la «mera» restricción de los mismos. Como ha dicho la doctrina, se incardina más en la teoría de la defensa de la Constitución que en la teoría de los derechos fundamentales[3]. Aun con todo y con eso, conviene recordar algo que sobrevuela el presente trabajo. Por un lado, no cabe suspender ningún derecho fundamental en el estado de alarma. Por otro, solo pueden ser objeto de suspensión los que aparecen enumerados en el artículo 55.1 CE[4].

A nadie se le escapa que en una situación que exija tales medidas, el Estado, el gobierno y la administración pública van a crecer exponencialmente, incidiendo en esa «elefantiasis burocrática» que venimos padeciendo al menos desde que se pregonó a los cuatro vientos la importancia de la garantía de un mínimo bienestar social. En la práctica, traducido en una irrupción brutal y sin medida en la esfera privada de los ciudadanos[5].

2. Los estados excepcionales

La subrama del Derecho Constitucional que estudia las normas y procedimientos a seguir durante las crisis constitucionales recibe el nombre de Derecho de excepción, y ha sido objeto de cierta atención doctrinal, mayor que el tiempo que (afortunadamente) ha ocupado al Legislativo, al Ejecutivo y al Poder Judicial. Se dice afortunadamente por motivos obvios, claro está: cuanto menos regulado sea dicho ámbito tanto mejor, en la medida en que estaríamos ante problemas que no llegan a ser catastróficos[6].

3 Resulta de especial interés en esta materia la obra de MIGUEL BÁRCENA, J.D.; y TAJADURA REJADA, J; *Kelsen versus Schmitt. Política y derecho en la crisis del constitucionalismo*, Guillermo Escolar Editor, Madrid, 2022, 3.ª edición.

4 *Vid.* DÍEZ-PICAZO, L.M.ª; *Sistema de derechos fundamentales*, Tirant lo blanch, Valencia, 2021, p. 122 y ss.

5 Véanse a este respecto las reflexiones de MASFERRER, A; *Libertad y ética pública*, Sekotia, Córdoba, 2022, p. 48 y ss.

6 Son sumamente interesantes los trabajos compilados en DUEÑAS CASTRILLO, A.I; FERNÁNDEZ CAÑUETO, D; GUERRERO VÁZQUEZ, P; y MORENO GONZÁLEZ, G (coords); *La Constitución en tiempos de pandemia*, Dykinson, Madrid, 2021.

En primer lugar, cabe resaltar que los estados de alarma, excepción y sitio son conocidos en la doctrina constitucional como crisis constitucionales. Estos momentos críticos suelen traer aparejada severas restricciones en el régimen de los derechos fundamentales. No es infrecuente acudir a diversos episodios históricos para constatar cómo la máxima que se acaba de explicitar no ha falta a su cita[7].

El *telos* de los estados que regulan las crisis constitucionales, tales como los de alarma, excepción y/o sitio, pretende, fundamentalmente, ofrecer a las instituciones públicas de una herramienta constitucional para adoptar estas medidas excepcionales y contextualizarlas en un ámbito de aplicación tanto espacial como temporal cuyo objetivo es y solo puede ser eliminar y/o paliar lo que ha conducido a declarar tales excepciones.

Es precisamente la Constitución Española la que regula los estados de alarma, excepción y sitio en su artículo 116. Este precepto constitucional es el que nos confirma los pilares sobre los que se deben sustentar. A nada que uno repare en ellos observará que las hipotéticas situaciones con las que lidiar serán de extraordinaria gravedad y, a la vez, las limitaciones que deban ser implementadas deberán ser proporcionadas, temporales y afectas al supuesto de hecho que las motivó.

Conviene recordar que sean cualesquiera las medidas adoptadas, estas son susceptibles de enjuiciamiento por parte de los tribunales ordinarios y, en su caso, por parte de la jurisdicción constitucional e internacional, señaladamente en el último supuesto las de Estrasburgo y Luxemburgo. Por mencionar una de las principales decisiones que entrarían dentro de estas últimas, ya tenemos una sentencia que estudia la licitud convencional de un sistema nacional de vacunación obligatoria.

En efecto, mediante la STEDH de 8/4/2021, recaída en el *asunto Vavricka y otros c. República Checa*, el Tribunal Europeo de Derechos Humanos entendió que el derecho fundamental a la vida privada de unos padres, reconocido en el art 8 CEDH, no se había visto lesionado por la imposición de una multa y exclusión de los niños de preescolar al negarse a cumplir el deber legal de vacunación infantil. El TEDH entiende que existe un consenso general europeo en aras de lograr el mayor grado posible de cobertura vacunal, amén de recordar la necesaria solidaridad social hacia los más vulnerables, garantizado en buena medida exigiendo que el resto de la población asuma un riesgo mínimo en forma de vacunación.

La obligatoriedad de la vacuna responde, a ojos del TEDH, a una necesidad social apremiante de proteger la salud individual y pública contra las enfermedades bien conocidas por la ciencia médica y prevenir cualquier tendencia a la baja en la tasa de vacunación infantil.

---

7 *Vid.* Mounk, Y; *El gran experimento. Por qué fallan las democracias diversas y cómo hacer que funcionen*, Paidós, 2022, p. 60 y ss.

La política obligatoria resulta, según el TEDH, consistente para con el deber de proteger a los menores (interés superior del niño), que se deben considerar tanto individualmente como en grupo y que exigen proteger a todos los niños de enfermedades graves a través de la inmunización. El sistema nacional, no obstante, permite eximir de la vacuna en ciertos supuestos, aspecto que se encuentra, a ojos del TEDH, regulado con suficientes garantías desde el punto de vista jurídico-procesal.

La República Checa ha tomado las precauciones necesarias, incluida la supervisión de la seguridad de las vacunas y la comprobación de posibles contraindicaciones en cada caso individual. Además, la multa impuesta no resultó excesiva (110 euros) y careció de repercusiones respecto de la educación de los niños en edad escolar. Ítem más, en el país de autos, la admisión a la escuela primaria no se ve afectada por el estado vacunal, por lo que no se puede predicar una sanción prolongada en el tiempo que, quizá, podría haber roto la proporcionalidad convencional. En fin, las medidas impugnadas resultaban proporcionadas a los fines legítimos perseguidos y eran trasunto de un amplio margen de apreciación nacional que no lesionó el Convenio Europeo de Derechos Humanos[8].

Cabe mencionar que las medidas aplicadas por los poderes públicos en materia de restricción de derechos fundamentales son siempre susceptibles de ser impugnadas ante los tribunales competentes por parte de los ciudadanos u otros sujetos legitimados a los efectos. De hecho, así ha sido siempre que se ha producido una limitación de derechos fundamentales al amparo de estos estados de excepcionalidad, tal y como tendremos oportunidad de estudiar en páginas posteriores.

La Constitución establece que, en casos excepcionales, los poderes públicos se reservan la posibilidad de suspender temporalmente el ejercicio de algunos de los derechos y libertades reconocidos en la misma. El motivo aducido para proceder a la suspensión es la presencia de hechos o situaciones de excepcional gravedad que dificultan el normal funcionamiento de los poderes públicos, de la misma Constitución y de la vida cotidiana de la ciudadanía, en todo o en parte del territorio español. Esas situaciones extraordinarias que pueden llevar a la suspensión de los derechos pueden ser de muy diversa índole: desde catástrofes naturales hasta conflictos de orden político y social internos, pasando por conflictos de orden internacional. No obstante, la realidad de nuestros días ha observado cómo se ha tenido que declarar hasta cuatro veces el estado de alarma, una para gestionar correctamente el tráfico aéreo amenazada por la huelga de controladores aéreos (2010) y otras tres para luchar contra la pandemia de la COVID-19 (2020).

8 Véase al respecto GONZÁLEZ-HERNÁNDEZ, E; «COVID-19, vacunación obligatoria y derechos fundamentales al hilo de la sentencia del Tribunal Europeo de Derechos Humanos Vavricka y otros c. República checa. Un falso dilema», *Anuario Iberoamericano de Justicia Constitucional*, n.º. 25, vol. 2, 2021, pp. 373-402.

Respecto a esta última, tal y como ha dicho de forma muy gráfica el profesor Bilbao Ubillos, no es exagerado decir que puso a prueba nuestro sistema de libertades[9].

En lo que respecta al estado de alarma es el menos concreto de los tres estados de excepcionalidad ya mencionados. En consecuencia, encontramos una regulación legal más difusa, lo que ha dado pie a numerosas interpretaciones. No obstante, podemos decir que el estado de alarma debe ser adoptado cuando se produce una situación que reviste de especial gravedad y que comporta un riesgo para los ciudadanos y para el propio ejercicio de sus derechos. Es el art. 4 de la Ley Orgánica 4/1981 el que se encarga de enumerar los supuestos ante los que se faculta la aplicación del estado de alarma[10].

La aplicación del estado de alarma para los casos de graves riesgos para los ciudadanos se postula como una manifestación particular de los deberes constitucionales de los mismos, que se ven incrementados con la finalidad de evitar o paliar los efectos perjudiciales para la ciudadanía. Esta alusión a los deberes la encontramos en la reserva de ley del art. 30.4 CE, donde se establece que «mediante ley podrán regularse los deberes de los ciudadanos en los casos de grave riesgo, catástrofe o calamidad pública». De hecho, unos años antes de que la pandemia nos devastara, Zagrebelsky venía a decir que el constitucionalismo actual, sin renunciar a ser la resistencia frente a la arbitrariedad, está redescubriendo los deberes, no tanto como contrapartida de los derechos sino como figuras jurídicas autónomas con vida propia[11].

Por último, cabe señalar que el estado de alarma sería una suerte de *estado de excepción no político*, es decir, que las circunstancias a las que las instituciones no pueden hacer frente mediante el ejercicio ordinario de sus funciones no proceden de una alteración del orden público o de un conflicto de carácter político, sino de otra clase de contingencias, tales como desastres

---

9 Bilbao Ubillos, J.M.ª; «Los derechos fundamentales en la Constitución Española». En Biglino Campos, P; Bilbao Ubillos, J.M.ª; Rey Martínez, F; Matia Portilla, F.J; y Vidal Zapatero, J.M (coords.); *Lecciones de Derecho Constitucional II*, Aranzadi, Cizur Menor, 2022, 3.ª edición, p. 397.

10 Una vez se ha podido coger cierta distancia respecto de lo peor de la pandemia provocada por el COVID-19, los trabajos doctrinales que se suceden llaman la atención sobre la inadecuada regulación del marco jurídico positivo para hacer frente a situaciones pandémicas o de similares características, tarea a la que algunos aspectos de las sentencias constitucionales dictadas a su socaire no ayudan (por ejemplo: el concepto de orden público acuñado en ellas). Véase Blasco Altuna, J.A; y Pérez de Eulate González, B; «Aproximación al derecho de emergencia desde la jurisprudencia constitucional», *Revista del Parlamento Vasco*: LEGAL, n.º 3, 2022, pp. 138-165; y Presno Linera, M.Á; «La inadecuación del estado de alarma para afrontar una pandemia moderna». En VVAA; *La protección de la salud frente al riesgo de contagio. Prevención, coerción y responsabilidad*, Wolters Kluwer Legal & Regulatory, Madrid, 2022, pp. 97-129.

11 *Vid.* Zagrebelsky, G; *Derechos a la...*, cit, p. 99.

naturales, catástrofes climáticas, epidemias, etc. Para esta última clase de contingencias correspondería la aplicación del estado de excepción, donde el control parlamentario es más intenso que en el previsto para el estado de alarma.

Pudimos saber por informaciones periodísticas publicadas en su día que el Gobierno se partió en dos a la hora de dar con la fórmula jurídico-constitucional que mejor encajase para luchar contra la pandemia. Mientras que un sector defendía que debía declararse el estado de excepción, el otro apostaba por la declaración del estado de alarma. A la fecha de cierre de las presentes páginas, ya sabemos qué opción resultó triunfante[12].

Tal decisión también se dejó sentir en el razonamiento de la primera de las sentencias dictadas por el TC sobre el particular, la STC 148/2021, de 14 de julio, donde se declaró la inconstitucionalidad del confinamiento. Las deliberaciones del caso demostraron que ocupó un lugar central en el debate el hecho de que al haberse suspendido de facto derechos fundamentales se debería acudir a estado de excepción y no de alarma. Esto fue discutido por algunos votos particulares de la minoría, especialmente por el del magistrado Ollero, quien viene a recordarnos que la realidad ha demostrado que una pandemia puede afectar de forma más intensa a determinadas facetas de los derechos fundamentales que un posible golpe de estado o la invasión de divisiones acorazadas. El jurista pone el ejemplo propio: ha vivido varios estados de excepción en su vida y recuerda que en ninguno de ellos se vio suspendida la semana santa o los actos propios del folclore de la zona por ello. Con la pandemia eso sucedió durante dos años[13].

3. Régimen constitucional del estado de alarma

El estado de alarma es un estado excepcional regulado a nivel constitucional en el art. 116 CE. En él se establecen las pautas fundamentales que van a regir los tres estados de excepcionalidad.

En primer lugar, se establece una reserva de ley orgánica, cumplimentada en su día por Ley Orgánica 4/1981, de 1 de junio, de los estados de alarma, excepción y sitio (LODEAES). Su régimen jurídico esencial se centra en las cuestiones que ahora se explicitarán.

En segundo lugar, se establece específicamente que el estado de alarma será aprobado por el Consejo de Ministros. No obstante, la limitación (no suspensión) de derechos fundamentales debe venir escrupulosamente estipulada en el propio decreto, detallando los derechos fundamentales que se

12 *Vid.* https://www.elmundo.es/espana/2021/07/15/60f084cafdddff4b1f8b4600.html. Último acceso: 02/02/2023.

13 *Vid.* Ollero Tassara, A; *Votos particulares*, Tirant lo blanch, Valencia, 2022, p. 287.

verán afectados, la duración de las medidas correspondientes y en qué grado lo serán en los días postreros a la entrada en vigor del estado de alarma. El decreto declarativo del estado de alarma es, por lo demás, un real decreto, una norma reglamentaria, que posee la particularidad de restringir ciertos derechos fundamentales. De ahí la exigencia de escrúpulo jurídico por parte del Gobierno, no la huida del Derecho a la hora de decretarlo.

La declaración del estado de alarma no puede implicar, constitucionalmente hablando, la suspensión de los derechos fundamentales, sino una limitación y restricción de los mismos, siempre condicionada a una serie de circunstancias. Decaídas estas, deben decaer aquellas. Los derechos y bienes susceptibles de ser limitados tuvieron que ver con la libre circulación, incluyendo los desplazamientos en vehículo, con la libre reunión, respecto de la permanencia en la vía pública total o durante una determinada franja horaria, la incautación de bienes por parte de las instituciones del estado, o garantizar el abastecimiento para la población.

El estado de alarma no supone propiamente una suspensión del ejercicio de derechos fundamentales, aunque sí pueden establecerse ciertas limitaciones a su ejercicio. El efecto fundamental que el estado de alarma tiene es la concentración de todo el personal de las Administraciones Públicas bajo la dirección de una sola autoridad: el Gobierno o el Presidente de la Comunidad Autónoma por delegación de aquél. Desde el punto de vista del ejercicio de los derechos fundamentales, las limitaciones que pueden establecerse son las siguientes: limitar la circulación o permanencia de personas o vehículos a determinadas horas y lugares, o condicionarla al cumplimiento de requisitos; requisar temporalmente ciertos bienes; imponer prestaciones personales; intervenir y ocupar transitoriamente cualquier local, excepción hecha de los domicilios privados: fábricas, talleres, empresas, etc.; limitar o racionar el uso de servicios y el consumo de artículos de primera necesidad; dar órdenes para garantizar que no exista desabastecimiento de productos y, por último, intervenir empresas o servicios, así como movilizar a su personal, de cara a garantizar los servicios públicos esenciales y el abastecimiento de productos.

En cuanto al ámbito territorial de aplicación del estado de alarma, la Constitución Española establece en el ya mencionado art. 116 que su regulación y ámbito de aplicación territorial vendrán establecidos en una ley orgánica, para nuestro caso la ya conocida LODEAES.

En virtud del art. 4 de la Ley Orgánica 4/1981, el ámbito territorial del estado de alarma podrá abarcar, bien todo el territorio nacional, bien el territorio de una o varias comunidades autónomas. Dicho ámbito de aplicación será evaluado por los gobiernos nacional y autonómicos para determinar aquel que quedará sujeto a las medidas contenidas en la declaración. El ámbito territorial deberá ser correctamente establecido en el Real Decreto de estado de alarma, y será el estrictamente necesario para aplacar la crisis, no pudiendo afectar a otras partes, o a todo el territorio nacional, de manera arbitraria.

La declaración del estado de alarma será llevada a cabo mediante un Real Decreto. Este texto contará con fuerza legal desde el momento de su publicación en el Boletín Oficial de Estado, y la institución facultada para ello es el Consejo de Ministros, que podrá mantener el estado de alarma en vigor únicamente durante 15 días a contar desde el día de su publicación. Si transcurrido este plazo, tras evaluar la situación que dio origen a la necesidad de declarar el estado de alarma, el Consejo de Ministros considera que el estado de alarma debe seguir en vigor para garantizar la seguridad ciudadana o el cumplimiento determinados derechos fundamentales. Cabe la prórroga del mismo, pero es inexcusable la previa autorización del Congreso de los Diputados.

Por último, en lo referente al contenido del art. 116 CE, cabe señalar dos cuestiones. En primer lugar, el art. 116.5 establece que las Cortes Generales no se pueden disolver durante el periodo de vigencia de uno de cualesquiera de los estados de excepcionalidad. Además, si las cámaras no se encontrasen en periodo de sesiones y resultase necesario decretar el estado de alarma, estas serán convocadas de forma inmediata. En caso de que las Cortes Generales se hallen disueltas al momento de resultar preceptiva la aplicación del estado de alarma, excepción, o sitio, sus funciones serán asumidas por la Diputación Permanente. La segunda cuestión consiste en lo establecido en el art. 116.6, que establece que la vigencia de alguno de los estados de excepcionalidad no exime ni al gobierno ni a sus agentes del cumplimiento de sus obligaciones en virtud del principio de responsabilidad.

4. Una mirada al Derecho Comparado

Mucho se ha hablado en España acerca del estado de alarma a raíz de la pandemia de la COVID-19, que provocó que el Gobierno considerase necesario recurrir a esta figura para adoptar las medidas necesarias para atajar la propagación del coronavirus. Al tratarse de una epidemia a nivel mundial (es la definición de pandemia), debemos también reflexionar acerca de cómo los Estados pertenecientes a la Unión Europea han combatido el virus y qué tipo de medidas excepcionales han tomado[14].

En primer lugar, cabe resaltar que una gran cantidad de los estados miembros no han recurrido a ningún precepto constitucional, ya que sus leyes ordinarias, con el visto bueno de sus respectivos tribunales constitucionales, ya les proporcionaban las herramientas necesarias para llevar a cabo las oportunas restricciones de derechos fundamentales. Cabe resaltar esto

---

14 Estudia la cuestión Garrido López, C; «Estados democráticos y modelos comparados de excepción. Un balance tras el stress test de la COVID-19». En Tudela, J; y Kölling, M (eds.); *Covid-19, calidad democrática y parlamentos*. Una visión comprada, Fundación Manuel Giménez Abad-Marcial Pons, Madrid, 2022, p. 11 y ss.

último pues, aunque en la realidad española la vigencia o no del estado de alarma constitucional repercutía en la dureza de las restricciones, en el ámbito europeo esto no es necesariamente así, es decir, la no aplicación de un estado de excepcionalidad constitucional no implica la no aplicación de medidas restrictivas de derechos fundamentales, que en algunos casos fueron más severas que las aplicadas en España a pesar de la vigencia del estado de alarma.

Comenzando por un estado que ya no forma parte de la Unión Europea tras su salida el 31 de enero de 2020, el derecho aplicado en el Reino Unido no se basa en una Constitución escrita sino en el entramado de leyes aprobadas por el legislativo y la jurisprudencia que las interpreta. Pues bien, con arreglo a estas leyes el Reino Unido empleó los denominados «poderes de emergencia» a través de la aprobación de urgencia de la Ley de Coronavirus, que recoge todas las prohibiciones a los ciudadanos. Como ocurrió en España tras el fin del primer estado de alarma, las restricciones de derechos fundamentales varían en función del criterio territorial, aplicando distintas medidas en Inglaterra, País de Gales, Escocia e Irlanda del Norte, atendiendo a criterios sanitarios. Cabe resaltar la especial complejidad que ha revestido la pandemia en el Reino Unido a causa de la aparición de la variante alfa del virus en la ciudad de Kent, que ocasionó una tercera ola de COVID-19 más virulenta que la primera. Sin embargo, la flexibilidad de las leyes británicas ha permitido una gran adaptación a la situación epidémica pertinente, haciendo gala del pragmatismo que caracteriza a su ordenamiento.

En Alemania, sin embargo, el poder ejecutivo optó por la no aplicación del estado de excepcionalidad democrática. Las restricciones de derechos fundamentales en Alemania se encuentran reguladas en gran medida en la Ley Fundamental de la República Federal Alemana de 1949, concretamente en su artículo 19.

No obstante conviene destacar que el hecho de que la República Federal Alemana no haya empleado un estado de excepcionalidad constitucional no implica necesariamente que las normas adoptadas en materia de restricción de derechos fundamentales hayan resultado menos lesivas que las adoptadas en otros estados que sí lo han hecho. La Ley Federal contra infecciones de Alemania permite a cada una de las regiones adoptar medidas muy restrictivas, desde el cierre de la hostelería al confinamiento domiciliario en su expresión más dura, como la vivida en la primavera del año 2020. En todo caso, esta norma no había sido utilizada antes y los límites se han ido estableciendo a medida que iban resultando necesarias las restricciones. Todas estas medidas eran de carácter temporal y estaban sometidas a control parlamentario.

El balance doctrinal realizado de modo indiciario arroja algunas ideas reseñables. Analizando la actividad parlamentaria del Bundestag se deduce estabilidad y continuidad en el ejercicio de la función legislativa y de control. No obstante, en las primeras semanas de la pandemia la información menguó, extremo por lo demás comprensible ante lo caótico que fue todo en los inicios víricos. Los parlamentos delegaron competencias en los gobiernos, creciendo en poder. No obstante, esto también tocó a su fin. Transcurridas esas semanas, los Parlamentos recuperaron sus funciones. La calidad democrática pudo verse resentida, claro, pero no de forma estructural[15].

Francia por su parte no posee referencias de su Carta Magna a la aplicación de un estado de alarma como el español, aunque sí goza de la previsión constitucional del estado de sitio y del estado de emergencia (artículo 36). A la hora de combatir la pandemia se optó por elaborar una Ley, LA 2020-290, de 23 de marzo, a las leyes para afrontar la necesaria restricción de derechos fundamentales en aras de salvaguardarlos a ellos y al resto de principios y valores constitucionales, siempre respetando lo que aquí llamamos su «contenido esencial».

Ahora bien, a pesar de que la disposición del estado de excepcionalidad no se remite directamente a la Constitución como ocurre en España, el desarrollo legal francés durante la epidemia de la COVID-19 ha sido muy similar al español. En primer lugar, se aprobó y entró en vigor el 23 de marzo de 2020 la Ley de emergencia sanitaria, que recogía todas las medidas a adoptar durante la primera ola de coronavirus. En segundo lugar, esta ley decayó en verano ante la mejora de la situación epidémica y para favorecer la situación económica de muchas empresas que habían quedado en una situación vulnerable a causa de las medidas restrictivas relativas, especialmente, a los horarios de apertura y confinamientos. Y, por último, con su nueva entrada en vigor a causa de la segunda ola, que se cebó especialmente con Francia, la cual permitió al poder ejecutivo la aplicación de severas restricciones de derechos fundamentales, más que las previstas en el segundo estado de alarma español. Una vez más, como ocurría en Alemania, la no utilización de un estado de excepcionalidad constitucional no supone la no aplicación de medidas restrictivas de derechos fundamentales.

Italia, por su parte, prevé un estado de excepcionalidad democrática diferente al que observamos en el art. 116 CE. El art. 77 de la Constitución Italiana comprende un planteamiento que consiste en que cuando una situación de emergencia lo requiera, el gobierno podrá establecer las medidas restrictivas de derechos fundamentales a través de un decreto gubernamental, que decaerá en el plazo de sesenta días desde su publicación si no se ve reforzado mediante ley aprobada por las cámaras legislativas en procedimiento ordinario. Italia se convirtió en el primer país europeo afectado por la irrupción del virus SARS-CoV-2 a finales de febrero de 2020. Las regiones de Lombardía y Véneto se convirtieron en la zona cero de la COVID-19

15 *Vid.* Kölling, M; «Covid-19 y la crisis de la democracia representativa en Alemania». En Tudela, J; y Kölling, M (eds.); *Covid-19, calidad democrática y parlamentos. Una visión comprada*, Fundación Manuel Giménez Abad-Marcial Pons, Madrid, 2022, p. 41 y ss.

en Italia. Como respuesta, antes incluso de detectar los primeros casos de transmisión comunitaria del virus, el poder ejecutivo dictó un decreto gubernamental declarando la emergencia sanitaria, con arreglo al procedimiento previsto en el art. 77 de la Constitución Italiana, que ya venía sostenido por una ley ordinaria aprobada mucho antes del surgimiento de la COVID-19, la Ley 883/1978, de 23 de diciembre, del servicio sanitario nacional.

El estado de emergencia del art. 24 de la Ley 883/1978 es el que permite a las autoridades italianas la adopción de medidas restrictivas de derechos fundamentales para preservar la salud de los ciudadanos. El tiempo de vigencia del estado de emergencia durante la Pandemia de la COVID-19 en Italia se prolonga desde febrero de 2020, antes de que se produjeran los primeros casos autóctonos de coronavirus, hasta finales de julio de 2021, cuando está previsto que el avance de la campaña de vacunación permita la contención de la COVID-19 sin recurrir a las medidas restrictivas de derechos fundamentales. El gobierno italiano, que además cambió el 13 de febrero de 2021 con la toma de posesión del primer ministro Mario Draghi, ha considerado necesaria la vigencia de estas disposiciones durante todo el periodo de epidemia debido a que todas las medidas sanitarias adoptadas lo están al amparo de este estado de emergencia, incluyendo la campaña de vacunación. Dentro de este no se recogen las medidas concretas a adoptar, sino que es el instrumento que permite la posterior entrada en vigor de los mismos a través de su publicación, en un decreto aparte, en la Gazzetta Ufficiale, que ejerce la función que en España tienen los Boletines Oficiales. Las medidas de relajación de las restricciones de derechos fundamentales son de competencia gubernamental, mientras que cualquier restricción nueva o de endurecimiento de una ya existente puede ser adoptada a criterio de los gobiernos regionales italianos.

En lo que hace al balance, la situación dista de ser positiva. Según algunos sectores doctrinales, la emergencia sanitaria ha revelado ciertas debilidades del sistema regional italiano y de su sistema democrático, también a nivel subregional. Con un protagonismo casi exclusivo del Gobierno central, la separación de poderes se ha visto seriamente perjudicada, así como acentuadas las múltiples diferencias y capacidades latentes entre las regiones y que la pandemia y su gestión solo hicieron patentes[16].

En el resto de los estados europeos encontramos un amplio abanico de estados de excepcionalidad constitucional. Siguiendo los ejemplos más gráficos, con respecto a las restricciones de derechos fundamentales adoptadas por la necesidad derivada de contener la propagación del SARS-CoV-2, los estados europeos adoptaron posturas muy dispares.

16 *Vid.* PAROLARI, S; «Covid-19 and the crisis of representative democracy in Italy». En TUDELA, J; y KÖLLING, M (eds.); *Covid-19, calidad democrática y parlamentos. Una visión comprada*, Fundación Manuel Giménez Abad-Marcial Pons, Madrid, 2022, p. 57 y ss.

En Portugal el gobierno declaró el estado de alerta el 13 de marzo de 2020 por un período de un mes y 15 días, previa aprobación de las prórrogas en las cámaras legislativas portuguesas cada 15 días. El estado luso posee un mecanismo muy similar al español. Meses después, ante el incremento de contagios de la COVID-19 en noviembre, el poder ejecutivo portugués propuso un nuevo estado de emergencia, que esta vez se prorrogó hasta el día 1 de mayo. Nos encontramos ante un desarrollo normativo referente a la aplicación de un estado de excepcionalidad constitucional extremadamente similar al que se produjo a nivel nacional, con la salvedad de un uso distinto de terminología, contraponiendo estado de alarma a estado de emergencia, pero que en forma y contenido resulta prácticamente idéntico. En Portugal la limitación de derechos fundamentales se regula en el artículo 19 de la Constitución.

En Polonia la limitación de derechos fundamentales se encuentra en el art. 228 de la Constitución de Polonia de 1989, que recoge las denominadas medidas de emergencia. Los estados de excepcionalidad constitucional en Polonia son la Ley Marcial, el Estado de Excepción y el Estado de Desastre Natural. No obstante, durante la Pandemia de la COVID-19 en Polonia el ejecutivo no consideró necesario recurrir a la Constitución para contener la epidemia, y empleó en su lugar una ley aprobada al efecto en el año 2008, la Ley de sobre la prevención y el combate de contagios y enfermedades contagiosas en humanos. Dicha ley permite al gobierno, mediante decreto, la limitación de derechos fundamentales para combatir la propagación de enfermedades infecciosas. Esta ley no había sido empleada antes en Polonia, pero finalmente ha resultado de gran utilidad.

Por último, en Bélgica sí se ha aplicado un estado excepcionalidad constitucional para frenar la propagación del coronavirus, mientras que en otros países como Hungría recurrieron a una ley promulgada precisamente para limitar derechos fundamentales en momentos de pandemia.

Como vemos, son dos los ejes en torno a los cuales ha girado la limitación de ciertos derechos fundamentales en Europa para contener la propagación de enfermedades infecciosas como el SARS-CoV-2, y en términos generales, de afrontar situaciones de emergencia que requieren que ciertos derechos cedan en favor de la preservación de otros que se puedan ver seriamente comprometidos. De una parte, la limitación puede proceder de un precepto constitucional, equivalente a los estados de alarma, excepción y sitio, que como hemos visto existen en la gran mayoría de los estados democráticos y de derecho de Europa. Por otro lado, muchos estados, con buen criterio ya que la historia nos ha enseñado que, cada cierto tiempo, una enfermedad azota al mundo, han promulgado una ley específica para el control epidémico mediante la limitación de derechos fundamentales.

Toda vez que en la práctica totalidad de los estados europeos se ha alcanzado un amplio consenso sobre que, para proteger las vidas de miles de ciudadanos es necesario realizar un sacrificio colectivo para contener la propagación de virus pandémicos, como es el COVID-19, surge la pregunta acerca del arma jurídica más conveniente y eficaz para la adopción de las medidas restrictivas de derechos y cual permite la máxima precisión y oportunidad de las mismas para que estas sean lo menos gravosas posibles, ya que cualquier medida restrictiva debe estar detalladamente justificada y llevar a cabo la limitación que sea estrictamente necesaria.

En el ámbito nacional español se ha suscitado un debate en torno a la idoneidad de la aprobación de una Ley de Pandemias, en aras de clarificar el régimen jurídico complementario, especialmente respecto de los derechos fundamentales. La propuesta llegó a ser planteada en firme por el Partido Popular liderado en aquel entonces por Pablo Casado y por Ciudadanos. De momento no existe tal ley, por lo que, si se producen nuevos brotes epidémicos en nuestro territorio, los instrumentos jurídicos volverán a circunscribirse necesariamente en torno al art. 116 CE y a la LODEAES. Ni está ni se la espera, en suma[17].

Por lo tanto, el desarrollo normativo durante la pandemia de la COVID-19 en España para reducir la propagación de la enfermedad y evitar las consecuencias más desastrosas ha sido, en cierto modo, mixto entre la aplicación del estado de alarma contenido en la Constitución y el desarrollo normativo exigido en el mismo a través de la LO 4/1981, plasmado en los decretos de estado de alarma.

El art. 116 CE establece las prerrogativas básicas y el procedimiento adecuado para la adopción del estado de alarma en todo o parte del territorio nacional. Ahora bien, es el propio precepto el que establece que el desarrollo normativo concreto, así como las reglas a las que van a estar sujetos los decretos de estado de alarma que vaya a ser necesario establecer, van a tener que configurarse mediante una ley orgánica ya al margen del texto constitucional.

Esta ley es la LO 4/1981, de 1 de junio, de los estados de alarma, excepción y sitio, que cumple la reserva de ley exigida en el art. 116 CE. Fue aprobada con celeridad cumpliendo con el mandato constitucional, y se articulaba en torno a tres ideas principales: naturaleza de la emergencia, procedimiento de aplicación de la figura de excepcionalidad y régimen jurídico aplicable en consecuencia (que no tanto en detalle).

---

17 La doctrina no se manifestó muy partidaria de aprobar semejante norma, sobre todo en los peores momentos de la pandemia y con la mente puesta en decisiones que, como poco, cupo tildar de incomprensibles. Es lo que sucedió en algunos países que cometieron la tropelía de exigir para la vida cotidiana el infausto pasaporte COVID-19, para ir a trabajar o para hacer la compra. Medidas así se amparan, va de suyo, en su propia Ley de Pandemias. *Vid.* SÁNCHEZ SÁEZ, A.J; «El fiasco de los pasaportes COVID en España: Casuismo autonómico intolerable y falta de idoneidad como medida de control de contagios». En SÁNCHEZ SÁEZ, A.J (coord.); *Las restricciones de derechos y libertades con ocasión del COVID-19*, Comares, Granada, 2022, p. 2 y ss.

5. Reglas comunes de las crisis constitucionales

El poder constituyente en 1978 se encargó de dotar a los poderes públicos de una figura con la que poder afrontar determinadas situaciones de emergencia dentro de la ley. Si bien en los periodos de normalidad, como su propio nombre indica, rigen las normas comunes, en estas otras circunstancias el Estado debe recurrir a normas excepcionales para situaciones de excepcionalidad. No obstante, el poder constituyente únicamente ha dotado de la posibilidad de adoptar los estados de alarma, excepción y sitio, pero dejó en manos del legislador el desarrollo normativo de los mismos[18].

En cuanto a este desarrollo normativo, el legislador estableció que resultará preceptivo adoptar uno de los estados de excepcionalidad cuando la naturaleza de la emergencia impida el correcto funcionamiento de los poderes públicos mediante las normas que rigen en situaciones de normalidad. Ahora bien, esta naturaleza puede ser muy variada, y dependiendo de la misma el Poder Ejecutivo, principal autoridad con atribuciones jurídicas de liderar la declaración y gestión de la excepción correspondiente. Esta naturaleza influirá en el procedimiento adecuado para la adopción del estado de excepcionalidad, la duración, el territorio e incluso la limitación de los derechos fundamentales necesaria para garantizar el mantenimiento de la normalidad, la seguridad y la integridad física de los ciudadanos, en los casos más extremos[19].

A título de hipótesis, cabían dos opciones, una atemperada y otra no tanto. De haber optado por la primera, se habría contemplado un tipo de emergencia única, a la que se habría ido dando respuesta en función de la intensidad de la misma. Los tres estados habrían sido configurados como escalones sucesivos en respuesta a la emergencia. La protección extraordinaria del Estado habría sido la protección frente a una escalada de la emergencia, a su vez determinada por la escalada de contagios debidos al virus.

De optar por la segunda, por el contrario, los tres estados serían configurados como tres institutos diferentes, pensando cada uno como un tipo de emergencia distinto, de tal manera que no se pasaría de uno a otro, sino que

---

18 Es pertinente notar la diferencia entre el Estado, lo permanente por definición donde todo confluye en su interior, y el Gobierno, elemento coyuntural que cambia de personas cada equis tiempo y que debe solucionar los problemas que se le presenten (al menos intentarlo, o no agravar los ya existentes). Desarrolla en profundidad la diferencia y las consecuencias de ella en los contextos pandémicos el profesor VELAYOS VEGA, J; «Pandemia, ciudadanía, Estado», En MARTÍNEZ-SICLUNA SEPÚLVEDA, C; y CARABANTE MUNTADA, J.M.ª (eds.); *Pandemia y Estado de Derecho*, Tirant lo blanch, Valencia, 2022, p. 150 y ss.

19 Véase al respecto ALONSO TIMÓN, A; «El principio de favor libertatis frente al principio de precaución como alternativa a una gestión de la pandemia limitativa de derechos». En SÁNCHEZ SÁEZ, A.J (coord.); *Las restricciones de derechos y libertades con ocasión del COVID-19,* Comares, Granada, 2022, p. 55 y ss.

cada uno de ellos tendría que ser declarado para hacer frente a un tipo de crisis distinta, y de forma completamente autónoma, autónoma e indivisible.

Esta segunda fue la que hizo suya el legislador orgánico español. Si antes se ha dicho que uno de los principios que debe presidir el derecho de excepción es el de la separación del Derecho ordinario y cotidiano del Derecho de excepción, tal principio rige a mayores y sin discusión en el seno del segundo. En todo momento el ciudadano debe saber dónde se encuentra con la menor ambigüedad posible. La mejor manera de conseguirlo es que el estado de alarma sea sólo estado de alarma. Aquella opción, filtrada interesadamente, de que el Gobierno de la Nación se planteaba si declarar el estado de alarma o el estado de excepción era bastante fútil a la luz de lo que se acaba de decir.

Atendiendo a la naturaleza de la emergencia a la que los poderes estatales deben hacer frente, garantizando la efectividad de las normas aplicadas y minimizando al máximo posible la limitación de derechos fundamentales de los ciudadanos que acarrea normalmente la adopción de estas medidas, existen dos posibles formas de llevar a cabo el desarrollo normativo. Una de ellas consiste en aglutinar todas las emergencias posibles en una sola categoría y aplicar un estado de excepcionalidad u otro en función de la intensidad y gravedad de la emergencia. La otra, que es por la que se ha decantado el legislador, consiste en la aplicación de un estado de excepcionalidad en función de la naturaleza de la emergencia de que se trate, distinguiendo (o intentando distinguir) a unas y a otras. Podrían ser resumidas en tres: catástrofes naturales *lato sensu*, graves perturbaciones del orden público y ataque armado/invasión de nuestro país.

Las medidas que pueden recoger los estados de alarma, excepción y sitio comprenden un amplio espectro, y abarcan desde las sanciones administrativas hasta la toma del control de un sector estratégico de la economía por parte de las fuerzas armadas, por poner ejemplos con los que nos hemos topado en momentos de vigencia del derecho de excepción desde el punto de vista comparado y autóctono. Una vez ha decaído el estado de excepcionalidad constitucional vigente, ya sea porque ha expirado sin prórroga el tiempo de vigencia o porque la autoridad pública ha decidido que ya no es preceptiva su aplicación, en cuestión de potestad sancionadora y de medidas cautelares propiciadas en el marco jurídico del estado de excepcionalidad vigente, corresponde a las autoridades competentes la decisión de la continuidad o no de dichas cuestiones. Todo ello siempre que la sanción no haya devenido firme o la medida cautelar haya sido transformada en una medida permanente[20].

---

20 La importancia de las sanciones se ha dejado sentir en las principales sentencias constitucionales que han dictaminado la inconstitucionalidad de las principales medidas adoptadas por el Gobierno durante la vigencia del primer estado de alarma. *Vid.* Ruiz Bursón, F.J; «La jurisprudencia constitucional española sobre los estados de alarma de 2020». En Sánchez Sáez, A.J (coord.); *Las restricciones de derechos y libertades con ocasión del COVID-19*, Comares, Granada, 2022, p. 87 y ss.

Con respecto a la adopción de los estados de excepcionalidad constitucional, el órgano competente debe observar en todo caso dos criterios fundamentales: el principio de proporcionalidad y el principio de temporalidad. Al consistir estas figuras en una limitación de algunos de los derechos fundamentales reconocidos en el Título I de la Constitución Española de 1978, el fundamental que la autoridad competente únicamente limite aquellos en lo estrictamente necesario, ya que se trata de paliar los efectos de la emergencia con las consecuencias menos gravosas para los ciudadanos. En cuanto al principio de temporalidad de los estados de alarma, excepción y sitio, la LO 4/1981 establece en su art. 1.2 que la adopción de alguna de estas constricciones excepcionales serán siempre de duración determinada, nunca indeterminada y menos indeterminable. La duración posible de las mismas y el sistema de prórrogas vienen recogidas más adelante, pero lo que sí queda en claro es que la duración debe ser determinada, es decir, nunca puede ser decretado un estado de alarma, excepción o sitio de forma indefinida. Este principio de temporalidad ostenta su razón de ser en que los poderes públicos, con el pretexto de una emergencia, podrían limitar los derechos fundamentales de los ciudadanos para ejercer una autoridad inconstitucional, perpetuarse en el poder o acrecentar sus propias competencias o prerrogativas.

6. El estado de alarma en sus detalles

En el Derecho constitucional excepcional nacional, la adopción del estado de alarma viene suscitada por una emergencia de carácter no político. Este origen no político de la emergencia contrasta con aquellos que motivan la adopción de los estados de excepción y de sitio, ante los que se responde a una emergencia política y a una crisis de estado, respectivamente.

En estos casos, el Gobierno de España, en uso de las facultades que le confiere el art. 116.2 CE, puede decretar el estado de alarma en todo o parte del territorio nacional, en los casos en los que se produzcan emergencias de naturaleza no política. En concreto, estas catástrofes pueden ser producidas por terremotos, temporales catastróficos, inundaciones, epidemias, contaminación grave del medio, nevadas, volcanes, etc. Además, el estado de alarma se empleará cuando estas circunstancias lleven a una paralización de los servicios esenciales y a un desabastecimiento generalizado de productos básicos.

Aunque el procedimiento de declaración del estado de alarma figura regulado en primer lugar en la Constitución Española, que prevalece frente a cualquier otra norma nacional en todo momento, el constituyente dejó al criterio del legislador la extensión que podía abarcar dicha figura constitucional. El estado de alarma podrá estar limitado a parte del territorio cuando la situación de emergencia esté limitada únicamente a dicho ámbito territorial. Igualmente, el presidente del gobierno autonómico tiene la potestad de solicitar al gobierno la declaración del estado de alarma en el territorio de la comunidad autónoma que gobierna.

Según lo estipulado en el art. 116.2 CE y desarrollado posteriormente en la LO 4/1981, la competencia exclusiva para la adopción del estado de alarma la realiza el Consejo de Ministros, siendo inevitable el protagonismo de quien lo preside en el proceso. El cuerpo legal establecido al efecto es el Real Decreto del Ejecutivo, que consiste en una decisión de carácter general adoptada por el órgano colegiado referido.

Cabe resaltar que el propio contenido del Decreto del estado de alarma establecerá las cuestiones en materia de derecho de excepción a plantear, tales como: los derechos fundamentales limitados por el estado de alarma, el territorio afectado, los efectos y la duración de este, sin que esta pueda exceder en ningún caso el plazo de quince días. Una vez transcurrido el plazo de quince días, u otro distinto de menor duración si así lo establece el decreto de estado de alarma, éste solo podrá ser prorrogado mediante autorización por mayoría absoluta en el Congreso de los Diputados. No hay un tiempo establecido para las prórrogas del estado de alarma, puede prorrogarse por el espacio de tiempo que el Gobierno considere necesario para aplacar la emergencia, con la salvedad que en esta ocasión la última palabra la detenta el Congreso de los Diputados. No obstante, la prórroga en ningún caso podrá ser indefinida, ya que es el propio derecho de excepción el que establece que los estados de excepcionalidad democrática no podrán ser alargados en el tiempo más allá de lo estrictamente indispensable.

En cuanto al procedimiento apropiado para decretar el estado de alarma, la LO 4/1981, de 1 de junio, de los estados de alarma, excepción y sitio, así como la propia Constitución Española, han recogido los presupuestos básicos que luego deberá desarrollar en el decreto el Consejo de ministros. Existen dos fases en el procedimiento de adopción del estado de alarma. Por un lado, un estadio gubernamental, en el cual el gobierno decreta el estado de alarma junto al paquete de medidas limitativas de derechos fundamentales durante quince días y, de otra parte, un estadio parlamentario que se encarga de prorrogar o dejar caer el estado de alarma vigente. Este procedimiento choca con el de aprobación del estado de excepción, cuya única fase se resume en la parlamentaria, ya que para su aprobación el gobierno necesita en todo caso la previa autorización del Congreso de los Diputados.

Durante el periodo de vigencia del estado de alarma, en virtud de lo dispuesto en la LODEAES, se produce una centralización de las competencias de gestión a nivel general que recae sobre el gobierno. Sin embargo, cuando la emergencia que justifica la aplicación del estado de alarma es producida en el ámbito regional, esta autoridad puede recaer sobre el presidente de la comunidad autónoma correspondiente.

El Ejecutivo tiene la obligación de intercambiar información permanente y fluida con el Congreso de los Diputados, para que este pueda ejercer la función de control de cara a que no haya un uso fraudulento del estado de alarma y ello repercuta en la vigencia de los derechos fundamentales de los ciudadanos. El Congreso de los Diputados ejerce un importante contrapeso respecto del Gobierno —y especialmente, de su presidente— para fiscalizar su acción y asegurar el buen uso de la figura del estado de alarma, en los términos en los que viene regulado en la Constitución Española y en lo que ha desarrollado la jurisprudencia del Tribunal Constitucional. El Congreso de los Diputados tiene la potestad tanto de solicitar información en cualquier ámbito relacionado con la declaración del estado de alarma, como de exigir al Gobierno la rendición de cuentas durante el periodo de vigencia del mismo.

En lo relativo a los efectos inmediatos a la declaración del estado de alarma, todos los cuerpos y fuerzas de seguridad del estado, así como cuerpos de policía autonómicos, los funcionarios adscritos a estos, y las autoridades civiles que prestan servicios en administración pública, quedan sujetos a las órdenes directas de la autoridad competente que figure en el decreto de estado de alarma, en tanto que este afecte a todo o a parte de un territorio en función de la autoridad a cuyo cargo haya sido centralizada la gestión general de las principales competencias con el objeto de asegurar la seguridad y la protección de los ciudadanos, los bienes y los lugares, con la posibilidad de establecer medidas extraordinarias al efecto.

Cuando la naturaleza de la emergencia en su vertiente territorial afecte al espacio autonómico, el presidente de dicha comunidad autónoma podrá solicitar la colaboración de las fuerzas y cuerpos de seguridad del estado, así como a las autoridades civiles de la administración pública, cuya actuación estará dirigida por el gobierno autonómico.

La LODEAES debe encargarse del establecer un régimen sancionador para asegurar el cumplimiento de las disposiciones que contiene, con el objeto cumplir con los presupuestos necesarios para aplacar la emergencia que da justificación a la adopción del estado de alarma. Asimismo, también debe contener en dicho régimen sancionador las disposiciones a aplicar en caso de resistencia a la autoridad competente. Si dicha resistencia fuese cometida por un funcionario público, la autoridad, para asegurar los objetivos del estado de alarma y al tratarse de una situación de excepcionalidad, podrá apartarlo de manera inmediata de su cargo. Cuando el incumplimiento de las disposiciones adoptadas en el decreto de estado de alarma viniese provocado por una autoridad, entonces su administración superior jerárquica podrá asumir de manera inmediata sus competencias con el objetivo de asegurar la correcta ejecución de las disposiciones establecidas en el decreto de estado de alarma.

En virtud de lo establecido en el art. 11 de la LODEAES, están tasados aquellos supuestos susceptibles de motivar la adopción del estado de alarma por parte del gobierno. Estos requisitos consisten en reducir o restringir el transporte de las personas o su permanencia en determinados lugares, ya sea de manera general o condicionada al cumplimiento de una serie de circunstancias. Llevar a cabo requisas de determinados bienes, que pueden extenderse, si la situación así lo requiere, a servicios esenciales, e imponer prestaciones personales de diversa índole, nunca pudiendo ser de carácter indefinido. La autoridad competente también estará autorizada, si la naturaleza de la emergencia así lo exige, a llevar a cabo la intervención de los medios de producción, la industria, las explotaciones, etc., con el objetivo de asegurar el abastecimiento de la ciudadanía, siempre que esto no sea el domicilio de las personas, que al ser inviolable queda fuera del alcance del estado de alarma. La autoridad competente también estará autorizada para racionar y limitar el consumo ciudadano de bienes y servicios básicos con la finalidad de asegurar el abastecimiento generalizado. Asimismo, la autoridad competente será la encargada de asegurar el suministro a las empresas y establecimientos encargados de abastecer de dichos bienes y servicios básicos a los ciudadanos, entendiéndose que serán estos a posteriori los que impedirán el desabastecimiento.

Cabe resaltar que, en los casos en los que la emergencia consista en catástrofes naturales como inundaciones, huracanes, terremotos, etc., epidemias y crisis graves de contaminación de cualquier índole que requieran la intervención gubernamental para aplacarlas, o para paliar sus efectos más desastrosos, la autoridad competente, además de los presupuestos fijados en la LODEAES, podrá adoptar las medidas que considere oportunas para combatir las enfermedades infecciosas y la protección del medio ambiente en materia de aguas y espacios forestales. Cabe resaltar que esta disposición se encuentra recogida en el art. 12.1 de la LODEAES, y ha sido ampliamente utilizada por el gobierno de España para adoptar las medidas limitativas de derechos fundamentales derivadas de la Pandemia de la COVID-19.

En los casos en los que se produzca una paralización de los servicios esenciales, ya sea como consecuencia de una emergencia que suscita la declaración del estado de alarma o siendo esta la que justifica dicha declaración, cuando además no se garantice el derecho a huelga de los trabajadores en defensa de sus intereses o a trabajadores y empresarios a tomar decisiones como consecuencia de un conflicto colectivo, o un desabastecimiento generalizado de los productos de primera necesidad, la normativa vigente de derecho de movilización será la norma subsidiaria en todo caso, aplicándose en los casos en los cuales el decreto de estado de alarma no haya recogido él mismo las normas de excepción a aplicar.

La garantía básica en todo el procedimiento de declaración de los estados de alarma reside en la participación del Congreso de los Diputados. Con esto, el poder constituyente trató de llevar a cabo una democratización del derecho de excepción, que no debe transformarse en un pretexto para que el ejecutivo incremente sus prerrogativas y limite los derechos de los ciudadanos de manera injustificada, de ahí la importancia del control parlamentario. Dicho control comienza a los 15 días de la declaración del estado de alarma, periodo durante el cual el gobierno puede actuar sin consultar al Congreso de los Diputados. Transcurrido dicho plazo, será preceptiva su autorización a través de una mayoría absoluta favorable a la prórroga del estado de alarma.

Hay que destacar que existe un régimen jurídico que regula los estados de excepcionalidad democrática, de tal forma que el estado de derecho siempre prevalece frente a la figura de la excepción. Este derecho se denomina derecho de la excepción:

En primer lugar, los estados de excepcionalidad en sí mismos consisten en figuras constitucionales, y la propia Constitución Española nunca incluiría contenido capaz de ir en contra de su propia naturaleza. Los estados de excepcionalidad solo producen modificaciones ciertamente localizadas en el funcionamiento del estado de derecho. Porque, tal y como está previsto en la LODEAES, la aplicación del derecho de excepción en lugar del derecho de la normalidad constituye una sustitución de facto y de iure que sin embargo también se encuentra sometida al control de los órganos parlamentarios y jurisdiccionales, consagrando la supremacía del estado de derecho frente a los estados de alarma, excepción y sitio.

En cumplimiento del mandato constitucional al legislador en el art. 116 CE, que encomienda la tarea de elaborar una Ley Orgánica para establecer las competencias y limitaciones de los estados de alarma, excepción y sitio, se desarrolló la LODEAES. Así pues, vamos a ver las competencias y limitaciones del estado de alarma.

En cuanto a las competencias, la LODEAES no establece ninguna prerrogativa a las cámaras más allá de las funciones de prorrogar el estado de alarma y de intercambiar fluidamente información con el gobierno, por lo que las competencias del Congreso de los Diputados y del Senado permanecen intactas durante la vigencia del estado de alarma. En cuanto a las competencias del poder judicial durante el estado de alarma, si bien para los estados de excepción y de sitio sí le son encomendadas ciertas prerrogativas, en el estado de alarma su función es la de establecer los límites de la restricción de derechos fundamentales, como veremos más adelante, para que sean coherentes con la naturaleza no política de la emergencia. Durante la vigencia del estado de alarma, la terminología que emplea la LODEAES para referirse al poder ejecutivo es la de «autoridad competente». Como ya se ha señalado anteriormente, atendiendo al ámbito territorial de la emergencia que suscita la adopción del estado de alarma, la autoridad competente puede ser o bien el gobierno central o bien uno o varios de los gobiernos autonómicos. Cabe destacar que la autoridad competente es la figura sobre la que recaen las principales competencias con relación a la toma de decisiones para aplacar la emergencia o para evitar sus efectos más nefastos, ya que la LODEAES plantea una centralización de los poderes durante la vigencia del estado de alarma.

Ahora bien, además del reparto de competencias, el estado de derecho exige también la imposición de ciertas limitaciones a las prerrogativas establecidas para los poderes del estado durante la vigencia del estado de alarma. La limitación fundamental reside en que las disposiciones del estado de alarma deben ser coherentes con el carácter no político de la emergencia.

También se exige que las restricciones de derechos fundamentales se reduzcan a las previstas en el art. 4 apartados a, b, c y d, así como en los arts. 11 y 12 de la LODEAES. Además, las medidas deben ser proporcionadas y de duración lo estrictamente necesaria para cumplir con el objetivo del decreto del estado de alarma.

7. Práctica del estado de alarma

Desde el 1978, año de entrada en vigor de la Constitución Española, hasta nuestros días hemos tenido que enfrentar muchos momentos especialmente duros, algunos causados por la lacra del terrorismo y otros quitar fruto de desastres naturales de diverso pelaje. A pesar de estas emergencias, y sin que ello signifique que no revistan quitar gravedad y que no requieran la intervención de los poderes públicos, las leyes de normalidad han bastado para adoptar las medidas legislativas necesarias para la solución de dichas emergencias.

No obstante, sin haber tenido que declarar —afortunadamente— el estado de excepción y o de sitio, han sido cuatro las ocasiones en las que se ha declarado el estado de alarma. Una de estas emergencias consistía en restaurar el tráfico aéreo, que se había visto interrumpido a causa de una huelga de controladores aéreos en el año 2010. Los otros tres fueron activados en los años 2020 y 2021 como respuesta a la crisis sanitaria derivada de la pandemia de la COVID-19.

Respecto a la primera emergencia, el Real Decreto 1673/2010, de 4 de diciembre, declaró el estado de alarma para la normalización del servicio público esencial del transporte aéreo. Los controladores aéreos se negaron masivamente a acudir a su puesto de trabajo por haber superado el número legal de horas laborables y en el cierre total del espacio aéreo en la totalidad del territorio de España en los días 3 y 4 de diciembre de 2010. Estos hechos condujeron a que unas seiscientas mil personas se quedaran sin volar en el puente de la Constitución. Entre los aeropuertos que se vieron obligados a cerrar se hallaban el de Madrid-Barajas, el Prat de Barcelona y el de Palma de Mallorca, en un momento en el que se iba a producir un importante flujo turístico de personas al tratarse del puente más largo del año.

Por su parte, los controladores aéreos, de manera masiva y coordinada, rellenaron un parte de incapacidad física que, según lo establecido en la ley de controladores aéreos, les habilitaba para ausentarse de su puesto de trabajo. Asimismo, el Gobierno de la Nación alegó que se trataba de una huelga salvaje encubierta, y que esta situación vulneraba el derecho a la libre circulación de personas al quedarse en tierra cientos de miles de usuarios de las líneas aéreas. A esto se suma la grave crisis económica que atravesaba el país, que obligó al estado a intervenir para evitar un nuevo colapso a causa de las pérdidas millonarias que podía acarrear un cierre prolongado del espacio aéreo, ya que AENA es una empresa pública (aunque hoy día cotiza en bolsa y su capital social posee aportaciones privadas, en el año 2010 no era así).

El art. 19 de la Constitución Española consagra el derecho de los ciudadanos españoles a circular libremente por el territorio nacional, precepto que el Gobierno de la Nación consideró que se estaba viendo vulnerado al cerrarse el espacio aéreo e impedirse a los pasajeros tomar sus vuelos. También los ciudadanos españoles tienen el derecho de entrar y salir del territorio del país cada vez que lo deseen, precepto que también se estaba viendo comprometido al cancelarse los vuelos tanto nacionales como internacionales.

Por su parte, los controladores aéreos alegaron que el Real Decreto del Gobierno por el que debían trabajar un mayor número de horas, superior al que por ley tienen estipulado, vulneraba sus derechos al obligarles a trabajar bajo condiciones de extrema tensión y estrés. Esto hace adquirir una nueva dimensión a la crisis ya que, al tratarse de un conflicto entre trabajadores y AENA, una empresa pública pero que vela también por sus propios intereses, podríamos estar hablando de un conflicto colectivo. De hecho, esta naturaleza de conflicto colectivo se confirmó más adelante, tras someterse AENA y controladores aéreos a un laudo arbitral ante el exministro de Trabajo del Gobierno del Partido Popular, Manuel Pimentel.

En el decreto de estado de alarma dictado por el gobierno el día 15 de diciembre de 2010, se señala que la ausencia de los controladores aéreos civiles impide el correcto funcionamiento del tráfico aéreo, lo que vulnera las disposiciones contenidas en el art. 19 CE de libre circulación de personas. Además, se constata un abandono de obligaciones que desemboca en la paralización de un servicio público esencial. Estas situaciones de detención de la libre circulación de personas y de paralización de un servicio público esencial son las que, de acuerdo con el art. 4.c) de la LODEAES, son las que propician que el Gobierno de la Nación defina la crisis como una calamidad pública y considere preceptiva la activación, por primera vez en la historia, del estado de alarma.

Como objetivo primero del gobierno, mediante la declaración del estado de alarma, se busca restaurar los derechos fundamentales de los ciudadanos menoscabados a causa de la calamidad pública. Como dictan las normas de derecho de excepción y en seguimiento del principio de proporcionalidad, las normas contenidas en el Real Decreto 1673/2010, de 4 de diciembre son las estrictamente necesarias para restaurar los derechos de los ciudadanos españoles que han sido menoscabados.

En cuanto a la duración inicial del estado de alarma, en virtud del art. 116 CE y del art. 6.2 de la LODEAES, la autoridad competente decidió agotar el plazo máximo del estado de alarma de quince días naturales. Transcurrido dicho plazo, el Gobierno de la Nación decidió prorrogar el estado de alarma durante otros quince días para asegurar el correcto funcionamiento del tráfico aéreo que garantizaba el derecho a la libre circulación de personas. La prórroga del estado de alarma hasta el día 15 de enero se votó en el Congreso de los Diputados el día 15 de diciembre con 180 votos a favor, cinco en contra y 131 abstenciones.

En el ámbito territorial, el decreto de estado de alarma afectaba a todas las torres de control del tráfico aéreo en todos los aeropuertos de España, así como a todos los centros de control gestionados por AENA. Con lo cual, el ámbito de aplicación territorial del decreto de estado de alarma comprende la totalidad del territorio nacional.

En lo relativo al ámbito subjetivo del decreto de estado de alarma, según lo estipulado en el art. 9.1 de la LODEAES, todos los cuerpos y fuerzas de seguridad del estado, así como las autoridades civiles de la Administración Pública quedan bajo el mando de la autoridad competente, en este caso, el Gobierno de la Nación. Asimismo, en uso del art. 12.2 de la LODEAES, el gobierno acuerda la intervención de la empresa pública AENA para restaurar el tráfico aéreo y facilitar la libre circulación de personas en el territorio nacional y hacia el extranjero. Y en función del art. 10 de la LODEAES, la autoridad competente dispone que la legislación aplicable en materia sancionadora en caso de incumplimiento del mandato del estado de alarma pasa a ser la legislación militar. Además, los controladores aéreos pasan a ostentar la denominación de personal militar. Asimismo, pasan a depender de la autoridad militar competente y a estar sujetos a la LO 13/1985, de 9 de diciembre, del Código Penal Militar, que regula las leyes disciplinares y penales militares.

Los controladores aéreos al servicio de AENA, a pesar de encontrarse bajo el mando y las instrucciones del Ejército del Aire, mantuvieron sus competencias en materia de certificados médicos, anotaciones, habilitaciones y licencias.

La autoridad competente, delegada por el Gobierno de la Nación fue el Jefe del Estado Mayor del Ejército del Aire, así como también las autoridades militares. Esta autoridad competente delegada tendría la responsabilidad de restaurar el tráfico aéreo para asegurar la libre circulación de personas, así como también poner en funcionamiento de nuevo un servicio público esencial. Dicho procedimiento de restauración de la normalidad no se extinguiría con la conclusión del estado de alarma, únicamente decaerán aquellas disposiciones en lo referente a la autoridad competente delegada, pero el resto de los procedimientos continuarán, esta vez de acuerdo con la legislación aplicable al caso, bien del orden administrativo o del orden laboral.

Finalmente, el estado de alarma decae el 15 de enero de 2011, con lo cual se prolongó durante 31 días, ya que entró en vigor inmediatamente después de la publicación del decreto de estado de alarma en el BOE.

Por último, cabe señalar que, aunque el decreto de estado de alarma se promulgó para proteger de un posible menoscabo del derecho de libre circulación, las medidas adoptadas provocaron el menoscabo del derecho de huelga de los trabajadores de AENA. Por ende, se produjo un conflicto de índole jurídica sobre si el primer derecho debe prevalecer sobre el segundo, o a la inversa. En la actualidad, no se han vuelto a suscitar situaciones de esta índole como la que se dio en 2010. Sin embargo, aún hoy, no faltan los críticos con la actuación del Gobierno, que consideran que, si bien el art. 19 de la Constitución consagra el derecho a la libertad de circulación, no se ha establecido como tal que el derecho incluya la facultad de utilizar los servicios de transporte en avión, por lo que hay expertos que consideran que detrás del decreto de estado de alarma había una panoplia nada desdeñable de múltiples intereses económicos, sociales y políticos, no tanto la «mera» salvaguarda de derechos fundamentales[21].

El primer reglamento fue el Real Decreto 463/2020, de 14 de marzo, por el que se declara el estado de alarma para la gestión de la situación de la crisis sanitaria ocasionada por el COVID-19.

Si bien la primera vez que fue necesaria la activación del estado de alarma a causa de la detención del tráfico aéreo a finales de 2010, en esta segunda ocasión la situación que se vivió y el régimen jurídico aplicable en materia de limitación de derechos fundamentales fueron sustancialmente más complicados. La primera ola de la COVID-19 costó la vida de miles de personas, puso en jaque al sistema público de salud, llevó a una cierta situación de desabastecimiento de algunos bienes básicos en los supermercados españoles. Si bien durante la crisis de los controladores aéreos los derechos básicos afectados fueron dos, la libre circulación de personas y la detención de un servicio público esencial, la crisis causada por el coronavirus fue de tal magnitud que pronto se hizo evidente que el derecho de normalidad se quedaba corto para la gestión de la epidemia y que era necesario recurrir al derecho de excepción para preservar valores tan transcendentales como la salud, la integridad física y la vida de las personas, dada la virulencia de la epidemia y la falta de medios para paliarla.

La teoría más aceptada por la comunidad científica es que la expansión del coronavirus (eso que científicamente se llamó SARS-CoV-2) comenzó en el mercado de abastos de Wuhan, en China. Desde allí comenzó su expansión por el país asiático. Teniendo en cuenta el marco globalizante y globalizado en el que nos movemos, ello dio pie, sin solución de continuidad, al salto definitivo a otros Estados, entre los cuales se encontraba Italia, país probablemente «trampolín» para que el COVID-19 llegara a España. Recordemos también que fuimos de los países que más tardaron en «hacer algo» y que, cuando se hizo, se volvió a demostrar la tan patriótica *ley del péndulo*: de nada a todo en menos de un día. Caos generalizado, enfermedad y contagios por todos lados, muerte y destrucción sin parangón. Con el paso del tiempo, se observa sin atisbo de duda que no tiene sentido que los gobernantes se

21 Por todos, véase VIDAL PRADO, C; y DELGADO RAMOS, D; «Algunas consideraciones sobre la declaración del estado de alarma y su prórroga», *Revista Española de Derecho Constitucional*, n.º 92, 2011, pp. 243-265.

parapeten detrás de los «expertos», de los «técnicos» y mucho menos de los «científicos». No hay «salvación» que pueda provenir de ellos, sólo podrán ayudarnos en la medida de sus posibilidades a la hora de recuperar fuerzas después de la enfermedad, combatiendo sus embates más rudos: *medicus curat, natura sanat*[22].

Por lo demás, permita el lector una breve digresión respecto del papel de China en esta función. Desde que los primero científicos chinos alertaron de esa nueva «neumonía de etiología desconocida», las autoridades del país se afanaron en silenciarlos y sancionarlos. Mientras intentaban controlar la expansión del virus, se pusieron de manifiesto las principales fortalezas y debilidades del sistema político del gigante asiático. Un altísimo grado de centralización política y un férreo control informativo impidieron que los responsables médicos informasen al mundo del estallido vírico. Muchos habitantes de Wuhan portaban el virus sin saberlo y viajaron masivamente dentro del país para visitar a sus familias en una de las celebraciones más concurridas y sentidas: el Año Nuevo Lunar.

Va de suyo que la misma centralización política que sirvió para lo malo sirvió para lo menos malo. Es la que permitió confinar a la población de Wuhan el 23 de enero de 2020 y que once millones de personas salieran de la ciudad y nadie pudiera entrar. Nos asombramos cuando vimos cómo se movilizaron a 7.500 obreros para construir dos hospitales de urgencia en algo menos de dos semanas, obligando a la vez a las principales empresas del país a producir equipos sanitarios imprescindibles, tales como mascarillas, guantes, gorros y batas. Más de doscientos millones de cámaras a lo largo y ancho del gigante asiático rastrearon los movimientos de la gente con el fin de evitar los contagios adicionales, cosa que en líneas generales lograron.

Hubo cierta contestación social del relato oficial elaborado por el Gobierno chino, especialmente al hilo de la muerte del doctor Li, uno de los principales representantes de la comunidad médica que denunció la existencia del virus. Varios periodistas que informaron sobre la pandemia fueron detenidos y luego condenados a penas de prisión bajo el argumento de «sembraron discordia». Los menos afortunados desaparecieron. Al acabar 2020, el gobierno chino borró de los registros públicos todo indicio de los primeros errores y de la disidencia pública. En el interior, se vendió el asunto como una historia de triunfo, en contraste con el caos occidental en la gestión del virus. La pandemia reforzó la legitimidad del partido comunista, aunque desde la perspectiva internacional no se recibió con las mismas salvas el discurso oficial de este[23].

22 *Vid.* SARTEA, C; «Pandemia magistra vitae. Aprender de las catástrofes». En SÁNCHEZ SÁEZ, A.J (coord.); *Las restricciones de derechos y libertades con ocasión del COVID-19*, Comares, Granada, 2022, p. 222.

23 Las anteriores afirmaciones pueden consultarse en toda su extensión en ECONOMY, E.C; *El mundo según China*, Esfera de los Libros, Madrid, 2023, p. 15 y ss.

En España las cosas se sucedieron de forma sin duda muy diferente. Aunque en un primer momento, sin casos de COVID-19 autóctonos y sin transmisión comunitaria en el territorio español, las autoridades sanitarias nacionales transmitieron un mensaje de tranquilidad con respecto a la propagación del virus, pronto comenzaron a detectarse los primeros brotes en las ciudades de Torrejón de Ardoz y en Vitoria. Ante un sistema sanitario que no estaba preparado para un estallido epidémico de esa magnitud y gravedad, la ausencia de cultura de prevención de transmisión de enfermedades infecciosas a través del uso de gel hidroalcohólico y mascarillas y la elevación de la epidemia a la categoría de pandemia el día 11 de marzo de 2020, la situación obligó al Gobierno de la Nación —o eso se nos dijo— a la adopción del segundo estado de alarma de la historia de la democracia.

La rápida expansión de la enfermedad puso de manifiesto la necesidad de emplear el derecho de excepción de manera inmediata para evitar las consecuencias más catastróficas de la epidemia. El estado de alarma fue la herramienta seleccionada por los poderes públicos para llevar a cabo las medidas necesarias de forma rápida y eficaz para hacer frente a la crisis. La Pandemia de la COVID-19 provocó una crisis sanitaria sin precedentes en todo el mundo y en España en particular, porque se vieron comprometidos los derechos fundamentales de los particulares y por el evidente riesgo para la salud que comporta que los ciudadanos se encuentren expuestos al virus.

Como se ha señalado en el apartado relativo a la LODEAES, el art.4 b) de la misma establece que será preceptiva la aplicación del estado de alarma en los casos de crisis sanitarias derivadas de epidemias. Asimismo, el art. 116.2 CE habilita al gobierno a, en estos casos, declarar el estado de alarma en todo o una parte del territorio nacional, junto a una serie de medidas de protección de la salud de los ciudadanos y de sus derechos fundamentales.

El objetivo que persigue el Gobierno de la Nación con la adopción del decreto de estado de alarma es la protección de la salud y la seguridad de los ciudadanos, evitando la propagación del SARS-CoV-2 y el colapso del sistema de salud pública, considerado un servicio público esencial.

Como recoge el derecho de excepción, la Constitución y la jurisprudencia constitucional, las medidas contenidas en el decreto de estado de alarma deben ser las absolutamente imprescindibles para afrontar la crisis, en este caso epidemiológica. En ningún caso la limitación de derechos fundamentales debe sobrepasar los necesarios en función de la naturaleza de la emergencia. En el Real Decreto 463/2020 el Gobierno de la Nación asegura al menos, respetar dichos límites establecidos.

La base legal sobre la que descansa el decreto de estado de alarma para hacer frente a la primera ola de la epidemia reside en el art. 4 apartado b) de la LODEAES, el cual establece que la fórmula apropiada para hacer frente a crisis sanitarias graves, como epidemias o situaciones de contaminación grave es la aplicación del estado de alarma. La situación causada por la epidemia de COVID-19 constituyó claramente una emergencia sanitaria.

En cuanto al ámbito territorial y a la duración inicial del estado de alarma, ya que a pesar de su duración inicial después fue sometido a diversas prórrogas, este se extendió a la totalidad del territorio nacional y durante el máximo de quince días.

En virtud de lo establecido en el art. 2 de la LODEAES, en el cuerpo legal del decreto de estado de alarma, el gobierno debe designar a una autoridad competente. Esto lo lleva a cabo en el art. 4 del Real Decreto 463/2020.

El decreto de estado de alarma también estipula que, además previsto en la LODEAES en su art. 9, se establecerá un régimen de colaboración entre autoridades competentes delegadas. Los cuerpos y fuerzas de seguridad del estado, así como las fuerzas armadas pasan a depender directamente del Ministerio de Interior. Los funcionarios del Cuerpo Nacional de Policía, así como el resto de los agentes de la autoridad estarán autorizados a llevar a cabo las comprobaciones, registros, pesquisas, etc., para evitar que se desarrollen las actividades limitadas por el Real Decreto 463/2020. Así como la obligación de la ciudadanía de colaborar en todo momento con los agentes de la autoridad para facilitar los objetivos del estado de alarma.

Por ende, este precepto lleva a cabo una centralización de competencias, por lo que la responsabilidad en la gestión del brote epidémico durante la vigencia del estado de alarma corresponde al gobierno en la figura de su presidente, que delega una serie de competencias concretas en sus propios ministros. Cuando las medidas dictadas en materia de circulación de vehículos, tráfico y seguridad vial, la ejecución de las mismas será competencia de las comunidades autónomas.

Ahora bien, ¿cuáles son los derechos fundamentales limitados y las actividades suspendidas? En primer lugar, el Real Decreto 463/2020 establece una limitación del derecho fundamental recogido en el art. 19 CE, relativo a la libre circulación de personas. Estas limitaciones son: la imposición de un confinamiento domiciliario en sentido estricto, esto es, está prohibido el uso de la vía pública a cualquier ciudadano salvo para una serie de supuestos tasados en el art. 7 del decreto de estado de alarma. La justificación del confinamiento domiciliario reside en cortar las cadenas de transmisión del virus, haciendo un enorme esfuerzo colectivo para evitar las consecuencias más catastróficas de la primera ola epidémica.

En toda Europa, y en la inmensa mayoría de los países del mundo, si bien con matices, los gobiernos optaron por la imposición de un confinamiento de estas características, por lo que no es raro que nuestro gobierno se decantase por esta opción. En cuanto a los supuestos en los que se permitía transitar a los ciudadanos la vía pública, se encuentran aquellos casos en los que se produce un desplazamiento para obtener productos de primera necesidad, como a supermercados y farmacias, el desplazamiento al lugar de trabajo, el retorno a la residencia habitual, etc. Todas estas acciones debían realizarse individualmente salvo causa justificada, como personas en situación de incapacidad.

Asimismo, el Ministerio de Interior podrá, por causas sanitarias, clausurar determinadas vías públicas, así como reducir su acceso a los usuarios. También se establece que, en todo caso, dichos desplazamientos deberán llevarse a cabo en observancia de las normas establecidas por las autoridades sanitarias. En este primer momento el gobierno no impuso la mascarilla obligatoria, pero las autoridades sanitarias sí recomendaron mantener la distancia interpersonal en un metro y medio de longitud. Visto con los ojos de hoy, estas medidas se antojan entre ridículas e ineficaces, en el mejor de los casos[24].

En lo relativo al derecho a la propiedad privada consagrado en el art. 33 CE, se establece la posibilidad de que se practiquen requisas de aquellos bienes esenciales. Estas requisas se plantearon como de carácter temporal, nunca se despojará de dichos bienes de manera permanente. En todo caso, las requisas no solamente afectan a bienes patrimoniales, si no que las autoridades pueden imponer la prestación de servicios esenciales si así lo requieren por indicación sanitaria. Esta posibilidad la recoge la LODEAES en su art. 11 b).

Aunque eran múltiples los gobiernos autonómicos, como el de la Comunidad de Madrid, que habían desarrollado esta medida, a partir de la entrada en vigor del decreto de estado de alarma se suspende toda la actividad docente presencial, desde la universitaria al resto de ramas de la educación. El método de impartición de las clases durante el periodo de vigencia del Real Decreto 463/2020.

En el ámbito de la actividad comercial, se suspenden todas aquellas actividades que puedan suponer la agrupación multitudinaria de personas para cortar la cadena de transmisión del virus causante de la COVID-19. Esto es, se suspende la apertura al público de locales comerciales, exceptuando aquellos que procuren bienes de primera necesidad, la permanencia en dichos establecimientos se prolongará lo estrictamente necesario para llevar a cabo la compra de los bienes de primera necesidad, se suspenden las actividades de ocio y la apertura de lugares como museos, bibliotecas, etc., se suspende la actividad hostelera y restauración, y se suspenden también las verbenas y las fiestas populares. Todos estos locales cuya apertura queda suspendida pueden conservar el servicio de entrega a domicilio.

En materia de libertad religiosa, consagrada en el art. 16 CE, se produjo también una limitación en cuanto a la presencia de personas en lugares de culto. Las ceremonias civiles y religiosas, incluidas las ceremonias fúnebres, serán realizables, pero estarán sujetas a aforos y distanciamiento social suficientes para evitar la acumulación masiva de personas.

---

24 La receta que algunos autores suministran dados los dislates gubernamentales en la gestión de la pandemia es más ley natural. Véase al respecto Poole Derqui, D; «Frente a la arbitrariedad, más iusnaturalismo. Una reflexión sobre la ley natural a raíz de los abusos cometidos durante la pandemia de 2020». En Sánchez Sáez, A.J (coord.); *Las restricciones de derechos y libertades con ocasión del COVID-19*, Comares, Granada, 2022, p. 261 y ss.

El objetivo principal del estado de alarma es el de hacer frente a la crisis sanitaria derivada de la enfermedad causada por el coronavirus. Para ello, el Real Decreto 463/2020 establece una serie de medidas de reforzamiento del sistema público de salud, con la intención de que pueda hacer frente a la oleada de pacientes que llegaron durante la primera ola de la epidemia. Estas medidas consisten en la centralización de las competencias en el Ministro de Sanidad, la plena disposición de las autoridades civiles, la distribución de los medios técnicos propicios para el tratamiento que requieren los pacientes de los hospitales y la contribución del personal sanitario militar en el sistema público de salud.

Asimismo, el Ministro de Sanidad quedaría autorizado a dirigir la producción y el suministro a aquellas áreas del sistema público de salud que requieran de materiales para garantizar su perfecto funcionamiento.

Se adoptan también una serie de medidas en materia de transportes a cargo del Ministro de Transportes, Movilidad y Agenda Urbana con el objetivo de garantizar el funcionamiento de los medios de transporte en el territorio nacional, así como garantizar que dichos medios no actúen como lugares de transmisión de la enfermedad a través de la imposición de aforos reducidos.

También se adoptan medidas en materia de garantizar el abastecimiento de productos alimentarios y de primera necesidad, tales como el apoyo a los vehículos que realicen el traslado de dichos bienes. Las autoridades se reservan la capacidad de establecer corredores seguros en materia sanitaria para el tráfico de personas y bienes cuando estos resulten necesarios para garantizar el abastecimiento. Al efecto, la autoridad competente podrá llevar a cabo la intervención de empresas. Se establecen, asimismo, medidas para garantizar el tráfico aduanero, para la protección de sectores críticos, etc. Por último, el Real Decreto 463/2020 contiene un mandato a los medios público y privados para publicitar las medidas establecidas al amparo de este cuerpo legal.

El estado de alarma aprobado el 14 de marzo de 2020 se prolongó hasta el día 21 de junio de 2020, tras siete prórrogas del mismo aprobadas en el Congreso de los Diputados. Este es el estado de alarma con más prórrogas aprobadas en el Parlamento, pero no el más prolongado, ya que fue superado poco después.

Recordemos también el Real Decreto 900/2020, de 9 de octubre, por el que se declara el estado de alarma para responder ante situaciones de especial riesgo por transmisión no controlada de infecciones causadas por el SARS-CoV-2.

La situación de emergencia que llevó a la aplicación del tercer estado de alarma en la historia de la democracia se encuadra también dentro de la crisis sanitaria ocasionada por la Pandemia de la COVID-19. En esta ocasión, las medidas de limitación de derechos fundamentales impuestas en el primer estado de alarma de marzo a junio de 2020 fueron suficientes para aplacar la primera ola epidémica.

Sin embargo, tras dos meses de contagios reducidos a brotes focalizados se produjo el primer gran brote, a mediados de septiembre, enfocado principalmente en el territorio de la Comunidad Autónoma de Madrid. Esto se produjo debido a que el SARS-CoV-2 encontró en la región madrileña un caldo de cultivo perfecto para su propagación, por su densidad de población y su número de desplazamientos. En este nuevo escenario, la autoridad competente centralizada en el Gobierno de la Nación durante la primera ola de la pandemia dejó paso a una autoridad delegada en los gobiernos autonómicos y coordinada a través del Consejo Interterritorial del Sistema Nacional de Salud. Estos eran los órganos competentes para la adopción de medidas de contención temprana de la transmisión de la COVID-19.

A pesar de que la UE propuso que la tasa de incidencia máxima del coronavirus para reducir al máximo el riesgo de rebrote era de sesenta casos por cada cien mil habitantes en los últimos catorce días, algunas zonas de España como la región de Madrid, a pesar de los esfuerzos del gobierno autonómico, sobrepasaban los 650 casos por cada cien mil habitantes en los últimos catorce días.

En consecuencia, el Consejo Interterritorial del Sistema de Salud pública, en su reunión el día 30 de septiembre de 2020 llegó a un acuerdo para la emisión, al día siguiente, de la Orden 1273/2020, de 1 de octubre, de la Consejería de Sanidad, publicado en el BOCM. Esta orden contenía medidas limitativas de derechos fundamentales, como el de la libre circulación de personas, que no fueron ratificadas posteriormente por el Tribunal de Justicia de la Comunidad de Madrid en materia de limitar la entrada y salida de personas de los municipios. Por ende, a día 9 de octubre, el Gobierno de la Nación, con el acuerdo del Consejo Interterritorial del Sistema Nacional de Salud Pública, y anunciado por el Ministro de Sanidad, decretó el estado de alarma por tercera vez en la historia de la democracia, y por segunda a causa de la Pandemia de la COVID-19.

En virtud de lo estipulado en el art. 4 b) de la LODEAES, donde se posibilita la adopción del estado de alarma en aquellas crisis sanitarias graves, como las epidemias, el gobierno aplica dicha medida constitucional para poder imponer aquellas medidas necesarias para evitar la propagación de la enfermedad causada por el coronavirus.

Este Real Decreto de estado de alarma constituye un caso único en cuanto a su ámbito de aplicación territorial ya que, a diferencia de los otros tres decretos, este se aplicó únicamente a una parte del territorio nacional que no se corresponde ni con la totalidad de la Comunidad Autónoma de Madrid. El Real Decreto 900/2020 resultó de aplicación únicamente en los términos municipales de las siguientes ciudades de la región madrileña: la Villa de Madrid, Alcobendas, Alcorcón, Móstoles, Torrejón de Ardoz, Fuenlabrada, Getafe, Leganés y Parla. En cuanto al ámbito de aplicación temporal, el Gobierno de la Nación optó por la máxima duración antes de requerir el visto bueno parlamentario, la de quince días naturales.

Al igual que en marzo, abril, mayo y junio de 2020, en este nuevo decreto de estado de alarma también se produjo una limitación del derecho constitucional a la libre circulación de personas, consagrado en el art. 19 CE, en aplicación del art. 11 a) de la LODEAES.

En esta ocasión, sin embargo, sí se permitía transitar las vías públicas, al no tratarse de un confinamiento domiciliario sino de un confinamiento perimetral, lo que limita la entrada y salida de personas de los municipios sujetos a la aplicación territorial del estado de alarma. No obstante, había una serie de supuestos de fuerza mayor que justificaban el desplazamiento de las personas hacia dentro y fuera de estos municipios, estos eran: asistencia al lugar de trabajo o centro docente, desplazamiento por motivos de salud, retorno al lugar de residencia habitual, desplazamiento para el cuidado de mayores y cualesquiera otros motivos de características similares que justifiquen dicho desplazamiento.

En cuanto a gestión de las competencias en materia de servicios, el gobierno en este decreto, y en coherencia con la deriva descentralizadora de la gestión de la pandemia que venía llevando a cabo, decidió que cada administración conservase sus competencias particulares.

En virtud de lo dispuesto en el art. 10 apartado 1) de la LODEAES, el Gobierno de la Nación en el Real Decreto 900/2020 establece en materia de posibles sanciones a imponer a aquellos que incumplan alguna de las disposiciones impuestas en el cuerpo legal, que estas se llevarán a cabo en lo dispuesto en las leyes ordinarias.

Finalmente, el Real Decreto 900/2020, de 9 de octubre, por el que se declara el estado de alarma para responder ante situaciones de especial riesgo por transmisión no controlada de infecciones causadas por el SARS-CoV-2 decayó a los quince días de su entrada en vigor sin prórroga alguna, sin embargo, esta circunstancia no se debió a que el decreto de estado de alarma y las medidas contenidas hubieran aplacado la crisis sanitaria, si no que más bien este decreto, a causa de su limitado ámbito territorial, ya no servía, puesto que la situación de crisis se había agravado en todo el territorio nacional hasta el punto de haberse denominado como la segunda ola de la epidemia.

Mediante el Real Decreto 926/2020, de 25 de octubre, se declara el estado de alarma para contener la propagación de infecciones causadas por el SARS-CoV-2.

Durante el mes de octubre del año 2020 se vivió en la totalidad del territorio español, a excepción de las Islas Canarias, un agravamiento de la ya precaria situación sanitaria a causa de la propagación del coronavirus. Esta crisis, que coincidió en el tiempo con una situación similar en el resto de los países europeos, con mayor o menor incidencia, pero ninguno con síntomas de mejoría, hizo catalogarla como la segunda ola de la pandemia de la COVID-19. Esta situación tuvo una traducción inmediata en las hospitalizaciones de ciudadanos en planta y en UCI, lo que conllevó además un incremento significativo en la presión hospitalaria.

En este contexto, se hizo evidente que para afrontar la situación era necesario recurrir a la limitación de los derechos fundamentales para prevenir aquellas situaciones de transmisión de la enfermedad, así como para garantizar el funcionamiento del sistema de salud pública. Dado que todavía no teníamos disponibles vacunas o tratamientos efectivos, las únicas alternativas para la prevención del contagio pasan por reducir el contacto entre personas.

Los objetivos del Gobierno de la Nación con la adopción del cuarto estado de alarma en la historia de la democracia se centran en la protección de la salud de la ciudadanía, así como de garantizar el correcto funcionamiento del sistema de salud pública. Las medidas en materia de distanciamiento social y uso de mascarillas e higiene de manos habían resultado ineficaces para frenar la propagación del virus causante de la COVID-19, por lo que se hizo evidente que había que adoptar medidas más duras. Estas medidas, acorde a lo establecido por la ley y por la jurisprudencia constitucional en materia de derecho de excepción, deben ser proporcionadas, limitando únicamente aquellos derechos fundamentales que sea necesario y por el mínimo tiempo requerido para hacer frente a la emergencia, en función de la naturaleza de esta.

La declaración del estado de alarma mediante el Real Decreto 926/2020 se lleva a cabo en virtud de lo dispuesto en el art. 116.2 CE y en el art. 4 apartado b) de la LODEAES, que se emplea en aquellas circunstancias de crisis sanitarias ocasionadas por epidemias, como es el caso de la Pandemia de la COVID-19. Las medidas a imponer consisten en la limitación de la libertad de circulación a través del confinamiento perimetral de ciudades y regiones, para evitar el tráfico de personas que provoque el empeoramiento de la situación epidemiológica en aquellas zonas menos golpeadas.

No obstante, a pesar de la limitación de derechos fundamentales el Real Decreto 926/2020 establece que no se prevé la suspensión de ningún derecho fundamental, al amparo de lo dispuesto en el art. 55 CE.

En lo referente a la autoridad competente, requisito de designación exigida por la LODEAES en el art. 7, se establece que esta será el Gobierno de la Nación. Ahora bien, a diferencia de lo que se estipulaba en el Real Decreto 463/2020, en el cual la autoridad competente era el Gobierno de la Nación y ostentaba el mando único en materia sanitaria, en esta ocasión se estableció que todos y cada uno de los gobiernos autonómicos se constituirían como la autoridad competente delegada por el gobierno para gestionar las restricciones de derechos fundamentales a causa de la pandemia bajo el amparo del estado de alarma. Las autoridades competentes delegadas estarían autorizadas para la adopción de las medidas limitativas de derechos fundamentales.

En cuanto al ámbito territorial del estado de alarma, este se extenderá a la totalidad del territorio nacional, al igual que ocurrió en el estado de alarma de los meses de marzo a junio de 2020. En lo referente al ámbito de aplicación temporal, el decreto de estado de alarma tendría un periodo de vigencia de quince días naturales, el máximo permitido por el art. 116 CE sin perjuicio de las posibles prórrogas que deberán aprobarse por mayoría absoluta en el Congreso de los Diputados. Como bien sabemos, este estado de alarma se prolongó mucho más allá de los quince días establecidos en principio.

Restricciones de derechos fundamentales, en especial el derecho a la libre circulación del art. 19 CE.

En lo referente a la limitación de derechos fundamentales, la medida más sonada fue la del denominado «toque de queda». Esta medida restrictiva del art. 19 CE y posibilitada por el art. 11 a) de la LODEAES, consistía en una limitación de la circulación de personas en horario nocturno, que se traducía en la prohibición de permanecer o transitar las vías públicas entre las 23:00 horas y las 6:00 horas, con una serie de excepciones que se asemejan mucho a las que existían en el confinamiento domiciliario de la primera ola y en el confinamiento perimetral de los municipios madrileños. Estas excepciones son: circulación por motivos sanitarios, asistencia a veterinarios, desplazamientos a los centros de trabajos o a los centros educativos, retorno al lugar de residencia habitual tras haber llevado a cabo alguna de estas actividades, desplazamiento por cuidados a mayores o dependientes y otras situaciones de fuerza mayor.

La limitación del tránsito por la vía pública en horario nocturno vino acompañada de una disposición potestativa a favor de las comunidades autónomas, que consistió en que las autoridades competentes delegadas, en función de la situación sanitaria, oscilar el horario nocturno entre las 22:00 horas y las 00:00 horas, y entre las 5:00 horas y las 7:00 horas.

A esta limitación del tránsito de personas por la vía pública en horario nocturno le acompañó un confinamiento perimetral de los territorios de las comunidades autónomas y de las ciudades autónomas. Este confinamiento consistió en la limitación de la entrada y salida de personas de dichos territorios para evitar que el virus causante de la COVID-19 viajase de unos territorios a otros donde pudiera proseguir su propagación y agravar la situación sanitaria de zonas menos tensionadas.

Este confinamiento perimetral de las comunidades autónomas restringe la entrada y salida de personas de su territorio, salvo aquellos casos de fuerza mayor previstos en la ley, como son el acceso al lugar de trabajo o de estudios, los desplazamientos por motivos sanitarios, el desplazamiento para la realización de pruebas y exámenes inaplazables, y otros motivos de fuerza mayor de similar naturaleza.

De manera excepcional, en observancia de la situación sanitaria, la autoridad competente delegada estuvo autorizada a decretar la limitación del derecho a la libre circulación en aquellos ámbitos territoriales inferiores a la comunidad autónoma cuando así lo considere preceptivo. Esta medida se corresponde con el recurrente confinamiento perimetral a nivel municipal o a nivel de zona básica de salud.

Además del derecho a la libre circulación de personas consagrado en el art. 19 CE, el Real Decreto 924/2020 también impone una limitación al derecho de reunión constitucionalmente reconocido.

Esta limitación al derecho de reunión se impuso con el objetivo de cortar las cadenas de transmisión del SARS-CoV-2, ya que cuanto menor sea el número de personas reunidas, en el caso de haber una enferma, a menos personas podrá propagarse la enfermedad. La limitación del derecho de reunión se impone a un máximo de seis personas en cualquier espacio, sea abierto o cerrado, con la excepción de que se trate de personas convivientes, que no están limitadas de ninguna manera. Si las personas convivientes se juntan con no convivientes, en número máximo sigue siendo de seis personas. En casos excepcionales a tenor de un agravamiento de la situación sanitaria, las autoridades competentes delegadas podrán establecer un número inferior a esas seis personas. Asimismo, también se ve limitado el derecho de reunión en lugares de tránsito y manifestaciones regulado en el art. 21 apartado b) CE, puesto que la autoridad delegada se reserva el derecho de limitar las manifestaciones en observancia de la situación sanitaria y en función de que se prevea una afluencia muy masiva que imposibilite mantener la distancia social entre personas que evite el contagio de la enfermedad. Quedan fuera de la limitación del derecho de reunión del Real Decreto 424/2020 aquellas actividades profesionales, educativas o institucionales que cumplan con las adecuadas medidas de seguridad.

En cuanto a las medidas de limitación del derecho a acudir al lugar de culto, en materia de libertad religiosa, el estado de alarma establece una serie de restricciones en forma de aforos reducidos en los encuentros y ceremonias religiosas. No es posible en ningún caso prohibir el ejercicio particular e individual de la práctica religiosa.

Las medidas en materia de confinamientos perimetrales de comunidades autónomas, ciudades autónomas, los cierres municipales, las limitaciones al derecho de reunión y de asistencia a las ceremonias y encuentros de carácter religiosos serán de aplicación en el territorio de las comunidades autónomas bajo supervisión de las autoridades competentes delegadas, que podrán levantarlas si a su juicio lo permite la situación sanitaria. Las medidas establecidas en el decreto de estado de alarma no afectan al régimen de fronteras con terceros países, ya que este será regulado mediante cooperación entre los gobiernos de ambos estados y, en su caso, con las instituciones comunitarias.

No obstante, esta prerrogativa para las autoridades competentes delegadas no aplica en el caso de la limitación de la circulación de personas por la vía pública en horario nocturno, ya que en este caso la medida, con independencia del horario establecido dentro de los márgenes, entra en aplicación desde la entrada en vigor del estado de alarma. Solamente existía una excepción, y es que el gobierno de las Islas Canarias sí podía levantar esta restricción si consideraba que la situación sanitaria así lo permitía, aunque esto nunca llegó a darse.

Todas las decisiones en materia de aplicación o levantamiento de restricción de derechos fundamentales para evitar la propagación del virus causante de la COVID-19 serán tomadas por las autoridades competentes delegadas atendiendo a lo establecido en el anterior párrafo y con acuerdo del Consejo Interterritorial del Sistema Público de Salud.

El retroceso en materia de restricciones se hará, en todo caso, solo cuando la situación epidemiológica sea favorable y ello quede constatado a través de los indicadores apropiados, como el que marca la incidencia acumulada en catorce días.

Medidas adoptadas en materia de garantizar la salud de los ciudadanos y el correcto funcionamiento del sistema de salud pública.

En virtud de lo estipulado en el art. 11 apartado b) de la LODEAES, con el objetivo de asegurar el correcto funcionamiento de los servicios esenciales, como el sistema de salud pública, y aquellos servicios imprescindibles, podrá imponer el cumplimiento obligatorio de prestaciones personales. En lo referente a la gestión de los servicios, esta se desarrollará de acuerdo con lo establecido en la legislación ordinaria, conservando cada administración sus competencias.

En lo relativo a la coordinación entre las distintas autoridades competentes delegadas y el Gobierno de la Nación, se ha constituido al Consejo Interterritorial del Sistema de Salud Pública como el órgano fundamental para desarrollar esta tarea. Además, el Consejo Interterritorial deberá reunirse periódicamente para tomar las decisiones en materia de salud pública necesarias y para evaluar la situación en cada uno de los territorios, atendiendo a criterios sanitarios, sociosanitarios, económicos, etc. También le corresponden las competencias en materia de regresión de las limitaciones de derechos fundamentales contenidas en el estado de alarma. El Consejo Interterritorial del Sistema de Salud Pública estará compuesto por los presidentes de los gobiernos de las comunidades autónomas y por los ministros de sanidad y consumo del Gobierno de España.

En materia de la imposición de sanciones por incumplimiento de las medidas impuestas en el estado de alarma y resistencia a la autoridad, en virtud de lo establecido en el art. 10 de la LODEAES, estás se llevarán a cabo de acuerdo con lo estipulado en las leyes ordinarias.

En lo relativo a los procesos electorales que había en curso, referente al de la Generalitat de Cataluña pero que luego se aplicó también al de la Comunidad Autónoma de Madrid, el Real Decreto 424/2020 establece que estos se desarrollarán con total normalidad, atendiendo a las medidas concretas de prevención de contagios de COVID-19 en los colegios electorales.

Finalmente, tal y como se preveía en el propio contenido del Real Decreto 424/2020, el estado de alarma fue prorrogado por un periodo de seis meses, previa autorización en el Congreso de los Diputados mediante mayoría absoluta. En cumplimiento del principio de temporalidad, este estado de alarma estuvo sujeto a control parlamentario a través de sesiones de control al gobierno y comparecencias del ministro de sanidad en comisión parlamentaria, para que éste no se excediera en sus prerrogativas, pero sin capacidades reales de hacerlo decaer, lo cual ha suscitado un debate en el seno del Tribunal Constitucional, como veremos más adelante. El estado de alarma, por lo tanto, se prolongó durante seis meses y quince días, el estado de alarma más largo de la historia de la democracia. La mejoría de la situación sanitaria a causa de las medidas de distanciamiento social, las mascarillas y, sobre todo, la campaña de vacunación, permitieron su levantamiento el día 9 de mayo de 2021.

Posteriormente llegó el denominado *Decreto de nueva normalidad*, o dicho en términos más precisos, el Real Decreto-ley 21/2020, de 9 de junio, de medidas urgentes de prevención, contención y coordinación para hacer frente a la crisis sanitaria ocasionada por el COVID-19.

Esta norma con rango de ley, diciendo el Ejecutivo en un alarde de neolengua que establecía una «nueva normalidad», tenía como objetivo principal establecer un régimen jurídico de medidas de protección de la salud de los ciudadanos tras el proceso gradual de desescalada de las medidas de limitación de derechos fundamentales durante la primera ola de la pandemia de la COVID-19. Este régimen jurídico, con modificaciones, es el que persiste hasta nuestros días y se aplica con independencia o no de la vigencia de un estado de alarma.

Permítase una breve digresión que tiene que ver con el concepto de «nueva normalidad». En efecto, no parece casar del todo bien con la humildad elemental que debe tener todo ser humano, especialmente si tiene responsabilidades de gobierno. Pretender establecer por decreto lo que es normal o no y, aún más, lo que constituye la novedad dentro de lo primero roza el histerismo. Pareciera, antes al contrario, que lo que se desea es hacer saber al ciudadano que está a merced de los poderes constituidos y que estos, con el Ejecutivo a la cabeza blandiendo la añagaza de luchar contra un virus, harán y desharán a su antojo sobre vidas y haciendas. Que el marco mental de las personas sea, en suma, el que más convenga al poder, quien sin recato y sin disimulo opta por un estado de excepción permanente[25].

25 *Vid.* CARABANTE MUNTADA, J.M.ª; «De la biopolítica a la psicopolítica, y vuelta». En SÁNCHEZ SÁEZ, A.J (coord.); *Las restricciones de derechos y libertades con ocasión del COVID-19*, Comares, Granada, 2022, p. 293 y ss. Incide en la idea del empoderamiento sin medida de los gobiernos de turno MARTÍNEZ MUÑOZ, J.A; «Distopía y pandemia». En SÁNCHEZ SÁEZ, A.J (coord.); *Las restricciones de derechos y libertades con ocasión del COVID-19*, Comares, Granada, 2022, p. 235 y ss.

Las medidas contenidas en este Decreto-Ley se consideran como no limitativas de derechos fundamentales, y contienen cuestiones muy diversas tales como el uso obligatorio de mascarillas en espacios cerrados y allí donde no se pueda garantizar la distancia social entre personas; el uso habitual de gel hidroalcohólico para la desinfección de las manos; el deber de cautela de los ciudadanos para impedir aquellas situaciones de exposición a un posible contagio de la COVID-19, y diferentes medidas en materia de aforos, desinfección y limpieza de centros de trabajo, educativos, o de ocio, entre otros[26].

Este decreto-ley venía a completar el marco de prevención, colaboración y contención necesarias para evitar los efectos más catastróficos de la pandemia de la COVID-19, toda vez que había expirado el estado de alarma. Estas medidas serían de aplicación, sin perjuicio de imponer otras más restrictivas, hasta que la situación sanitaria, por la presencia de una vacuna o un tratamiento eficaz, permitan regresar a la vieja normalidad.

El impacto de la pandemia de Covid19 ha sido de tal magnitud, que aún en el año 2023, casi tres años de la primera ola, es precisa la utilización de mascarilla en ciertos espacios, así como la llegada del teletrabajo, residual antes de la pandemia y que ha adquirido una dimensión mucho mayor a resultas de esta.

8. Recordatorio sobre la suspensión de derechos fundamentales

Nuestra Constitución dedica a esta materia el Capítulo V del Título I. Se trata de un Capítulo que enmarca un solo artículo, el 55, pero en este precepto se contemplan dos hipótesis distintas de suspensión de los derechos y libertades. En el primer apartado se aborda lo que ha dado en llamarse *suspensión general de derechos* y en el segundo la denominada *suspensión individualizada de derechos.*

A. Suspensión general de derechos

En cuanto a la suspensión general de derechos, el art. 55.1 CE dispone que: «Los derechos reconocidos en los artículos 17, 18, apartados 2 y 3, artí-

26 Quizá haya pocas situaciones más «urgentes y necesarias» que las ocasionadas por una pandemia, pero la COVID-19 ha servido se excusa para pretender disimular una tendencia rayana en lo escandaloso: el Gobierno Sánchez ha dictado 89 decretos-leyes frente a las 47 leyes aprobadas por el Parlamento (en el periodo 2019-2022). La calidad técnica de los mismos brilla por su ausencia. Y los ciudadanos estamos absolutamente indefensos ante tal tropelía. Así lo aseveran Aragón, M; De Carreras, F; Díez Nicolás, J; Fernández, T-R; García Delgado, J.L; Lamo de Espinosa, E; Mangas, A; Sosa Wagner, F; y Tortella, G; *España. Democracia menguante*, Fundación del Colegio Libre de Eméritos, Madrid, 2022, p. 145 y ss.

culos 19, 20, apartados 1, a) y d), y 5, artículos 21, 28, apartado 2, y artículo 37, apartado 2, podrán ser suspendidos cuando se acuerde la declaración del estado de excepción o de sitio en los términos previstos en la Constitución. Se exceptúa de lo establecido anteriormente el apartado 3 del artículo 17 para el supuesto de declaración de estado de excepción».

Huelga decir que la comprensión completa de este precepto sólo se alcanza mediante una lectura conjunta con el art. 116 CE, que prevé que una ley orgánica regulará los estados de alarma, de excepción y de sitio, y las competencias y limitaciones correspondientes. El mismo precepto pone las bases que ha de respetar dicha LO para la declaración de tales estados anómalos.

Permítasenos centrar brevemente la cuestión que nos ocupa. Estamos ante un problema —el que técnicamente se da en llamar el de «la defensa política de la Constitución»— que es una especie de drama que tiene que aceptar, por su propia naturaleza, el Estado de Derecho y que supone en suma la necesidad de afrontar la hipótesis de que puede ser necesario, ante determinadas situaciones límite, suspender los derechos y libertades fundamentales para que a la larga permanezcan salvaguardados precisamente esos derechos y libertades y el clima en que es posible su disfrute, la paz cívica. Como escribió Friedrich «la razón de estado constitucional» resulta —según dice— algo «fastidioso en todas las democracias constitucionales debido al desafío que a las mismas plantean los movimientos totalitarios». Y es que el Estado de Derecho se ha visto obligado a reconocer, muy a su pesar, la necesidad de la eventual limitación o suspensión extraordinaria de las garantías de los derechos fundamentales.

En los sistemas absolutistas o totalitarios no se puede, en propiedad, hablar de estados de excepción ni de suspensión de derechos y libertades. La concentración del poder de forma permanente es tal, y su ejercicio se encuentra tan libre de toda atadura, que allí el estado de excepción es más bien el estado normal o natural, y cuando se habla de estado de excepción no se hace sino para referirse a un disfraz de ligera modificación de ese estado natural, o para permitir dar una vuelta más al torniquete que oprime sin mayores frenos los derechos fundamentales. Como contrapunto, es el Estado democrático el que tiene la servidumbre de tener que prever mecanismos de defensa política de la Constitución, que pasan siempre por una suspensión temporal de ciertos derechos y libertades, y por una mayor concentración del poder político para superar la crisis que pone en peligro un Estado democrático, que se basa en la filosofía de dividir el poder, contrapesarlo y controlarlo.

Ningún Estado democrático ha podido renunciar nunca a prever supuestos de defensa política de la Constitución, con declaración de estados de excepción y suspensión temporal de derechos. Tampoco en nuestra historia constitucional se pudo evitar esta servidumbre, aunque en algún caso la medida de excepción no se recogió en el cuerpo de las constituciones[27]. Decía Cicerón que en situaciones límites era preferible que la República quedase sólo en dos manos, pero esa tesis era la legitimación de la dictadura temporal romana y el Derecho constitucional contemporáneo, aun aceptando su vieja fe en la necesidad de acudir temporalmente a una concentración de poder, la afronta —como hace nuestra CE— manteniendo la vigencia de todas las paredes maestras del edificio del Estado de Derecho.

El art. 55.1 CE prevé la posibilidad de suspender los siguientes derechos. Por un lado, los derechos relativos a la libertad y a la seguridad personal. Dentro de ellos, son los supuestos de privación de libertad, plazo máximo de duración de la detención, derechos del detenido a ser informado de sus derechos y a asistencia letrada en las diligencias previas, así como la institución del *habeas corpus*. Además, el derecho a la inviolabilidad del domicilio y del secreto de las comunicaciones; el derecho a la libertad de residencia y de circulación, por España o para entrar o salir al extranjero; el derecho a la libertad de expresión e información, así como el secuestro de publicaciones y grabaciones. Se añaden a la nómina los derechos de reunión y manifestación, así como el derecho de huelga y el derecho a adoptar medidas de conflicto colectivo.

Es importante que el último inciso del art. 55.1 CE disponga que se exceptúa de lo establecido anteriormente el apartado 3 del art. 17 (relativo, como sabemos a determinados derechos del detenido) para el supuesto de declaración de estado de excepción, pues ello significa que la CE sólo concibe que puedan suspenderse tales derechos declarado el estado de sitio. Hasta la fecha, solo se había declarado el estado de alarma con motivo de la crisis provocada por la huelga de los controladores aéreos[28].

Se suele atribuir a Carl Schmitt aquella frase de que «soberano es el que puede declarar el Estado de excepción» y normalmente se admite que su declaración es una reasunción de poderes —de ordinario, tal y como sucede

27 Efectivamente, entre los precedentes más significativos, podemos citar el art. 38 de la Constitución de Bayona (que transcribía literalmente el art. 92 de la Constitución francesa del año VIII (1799); el art. 308 de la Constitución de 1812; el art. 8 de la Constitución de 1837, que es reproducido con igual número en la Constitución de 1845; el art. 9 de la Constitución *non nata* de 1856; el art. 31 de la Constitución de 1869; el art. 33 del proyecto de Constitución federal de 1873; el art. 17 de la Constitución de 1876; y el art. 42 de la Constitución de 1931, complementado por el art. 80 (que regulaba los llamados Decretos de urgencia del Presidente de la República) y por la Disposición Transitoria Segunda, que otorgó validez constitucional a la muy discutida Ley de Defensa de la República de 21 de octubre de 1931 «mientras subsistan las actuales Cortes Constituyentes, si antes no la derogan estas expresamente».

28 Aba Catoira, A; «El estado de alarma en España», *Teoría y Realidad Constitucional*, n.º 28, 2011, p. 305 y ss.; y Vidal Prado, C. y Delgado Ramos, D.: «Algunas consideraciones sobre la declaración del Estado de Alarma y su prórroga», *Revista Española de Derecho Constitucional*, n.º 92, 2011, p. 243 y ss.

en la CE, en el Ejecutivo— que de alguna manera dimanan de la Nación soberana, y que vuelven a emerger a través del Gobierno y del Parlamento de la Nación en circunstancias en que el orden jurídico habitual puede verse desbordado por los hechos. Pero las palabras de Carl Schmitt han quedado históricamente emparejadas a la triste fama que acompaña al art. 48 de la Constitución de Weimar, utilizado, según es suficientemente conocido, como portillo constitucional por el que los nazis asaltaron el orden constitucional *weimariano*.

Ciertamente el constitucionalismo occidental de la Segunda Postguerra es muy cauteloso con la redacción de las suspensiones de los derechos y libertades fundamentales, aunque sólo un jurista sumergido en el más estrecho de los formalismos puede llegar a pensar que el Nacional Socialismo alcanzó el poder en Alemania por una causa: un artículo constitucional mal redactado. En todo caso, nos interesa resaltar que el constitucionalismo contemporáneo y, por supuesto, nuestra Constitución de 1978 prevé el estado de excepción para que la fuerza del Derecho se imponga al Derecho de la fuerza y en tales términos que incluso en circunstancias límites y excepcionales no se prescinda del Derecho, sino que, muy al contrario, haya una normativa sobre cómo abordar la excepción y superarla sin vulnerar el marco constitucional. Y es que, como sostenía una parte de la doctrina clásica alemana, en los estados de excepción no pierden temporalmente vigor las decisiones políticas fundamentales sobre la forma de convivencia de un pueblo, pero sí pueden perder transitoriamente vigencia las normas dirigidas a la protección de los derechos y libertades. Pero esta *vacatio* de vigencia debe llevarse a cabo en un marco de garantías jurídicas suficientemente sólido y sin resquicios para las voluntades golpistas.

Probablemente pocos países occidentales tendrán una normativa tan garantista de los derechos fundamentales que pueden ser objeto de suspensión durante la vigencia de un estado de excepción como la que se contiene en los arts.13 a 31 de la LOEA, que pudo ser aprobada con un alto consenso parlamentario en su día. El mayor escollo surgió con motivo de la pretensión del PNV de modificar la regulación al efecto de que el Gobierno de una Comunidad Autónoma afectada por la declaración de un estado de excepción coparticipara en la adopción de las medidas que se tomasen para restablecer la normalidad. No fue posible aceptar tal aspiración, pues esencial al estado de excepción es que, una vez acordado, las decisiones se pongan en manos de un órgano expeditivo y homogéneo, por lo que suele encomendarse ello prácticamente siempre al Gobierno nacional. Ni siquiera en los estados federales, si exceptuamos algún caso realmente idiosincrático, se confían decisiones de tal envergadura a un acuerdo entre el Gobierno federal y el gobierno regional correspondiente[29]. Así la Constitución de los Estados

29 El sistema constitucional argentino podría ser una de esas excepciones. No obstante, Argentina ha actuado de forma muy similar a cualquier otro país occidental a la hora de

Unidos, en su art. 4, Sección IV, confía la competencia de estas situaciones límites al ejecutivo federal. De modo que todo lo que acepta nuestra LO 4/1981, en su art. 31 es que «Cuando la declaración del estado de excepción afecte exclusivamente a todo o parte del ámbito territorial de una comunidad autónoma, la autoridad gubernativa *podrá* coordinar el ejercicio de sus competencias con el Gobierno de dicha comunidad».

Por lo demás la LODEAES en esta materia no tipifica *a priori* las diversas circunstancias fácticas que pueden motivar la declaración de un estado de excepción, sino que establece un marco general y deja al Gobierno y, sobre todo, a las Cortes Generales el medirlas llegado el supuesto y dictar, en su caso y día, un estado de excepción a la medida de las circunstancias, que respondiese a un principio clave en la materia, el de *proporcionalidad entre la situación anómala y las medidas adecuadas para superarla*. De hecho, pese al tiempo ya transcurrido desde la entrada en vigor de la Constitución, nunca se ha declarado en España un estado de excepción, aunque, como decimos, podría hacerse a la medida de un territorio y de unas circunstancias excepcionales adoptando medidas muy específicas. La explicación de que esto haya sido así radica sin duda en que los constituyentes éramos plenamente conscientes de la gravedad del fenómeno terrorista, que ya entonces se sufría con toda intensidad, y se pensó que sería más eficaz combatirlo mediante un mecanismo de *suspensión individualizada de derechos*, al que seguidamente hemos de referirnos.

Una última aclaración resulta imprescindible para entender correctamente nuestro sistema de estados excepcionales, y es que se procuró tanto por los constituyentes como luego por los redactores de la LO 4/1981 que el estado de excepción pudiera en la práctica, ante una situación muy grave, abarcar casi todas las posibilidades operativas del estado de sitio.

Un par de notas respecto de este último estado. El estado de sitio, como se ha dicho, no pretende facilitar el desarrollo de un conflicto militar. Cuando la CE emplea el término estado de sitio lo está haciendo en el sentido en que lo empleaba el profesor Pérez Serrano, cuando lo definía como un «estado de guerra ficticio o político, a diferencia del auténtico estado de guerra en caso de conflicto armado[30]. El estado de sitio es por tanto declarable tanto si hay conflicto armado como si el supuesto es otro (siempre que entre en el art. 116 CE y en la ley orgánica de desarrollo).

---

gestionar la pandemia, con una cierta merma de las facultades locales en detrimento de las facultades del Gobierno de la nación. De hecho, este dictaba un decreto casi cada cinco días. *Vid.* Bercholc, J.O; «El impacto del covid-19 en la calidad democrática de la argentina». En Tudela, J; y Kölling, M (eds.); *Covid-19, calidad democrática y parlamentos. Una visión comparada*, Fundación Manuel Giménez Abad-Marcial Pons, Madrid, 2022, p. 129.

30 Pérez Serrano, N.: *Tratado de Derecho político*, Civitas, Madrid, 1976, p. 418.

El artículo 32.1 de la LO 4/1981 establece que procede la declaración del estado de sitio «cuando se produzca o amenace producirse una insurrección o acto de fuerza contra la soberanía o independencia de España, su integridad territorial o el ordenamiento constitucional, que no pueda resolverse por otros medios, el Gobierno, de conformidad con lo dispuesto por el artículo 116.4 de la Constitución, podrá proponer al Congreso de los Diputados la declaración del estado de sitio».

La circunstancia de que ninguna autoridad militar participe en la declaración del estado de sitio y que la misma dependa del Gobierno y del Congreso explica la estrategia golpista del 23F de 1981, que buscaba forzar de éstos, cuyas voluntades se suponía que quedaban cautivas, su declaración en los términos que no llegó a proponer con claridad el General Armada.

El art. 33 LODEAES contiene dos disposiciones clave sobre las consecuencias prácticas que se derivan de declarar este estado. Así dispone que: «1. En virtud de la declaración del estado de sitio, el Gobierno, que dirige la política militar y de la defensa, de acuerdo con el artículo 97 de la Constitución, asumirá todas las facultades extraordinarias previstas en la misma y en la presente ley. 2. A efectos de lo dispuesto en el párrafo anterior, el Gobierno designará la autoridad militar que, bajo su dirección, haya de ejecutar las medidas que procedan en el territorio a que el estado de sitio se refiera».

B. Suspensión individualizada de los derechos

El art. 55.2 CE dispone que: «Una Ley orgánica podrá determinar la forma y los casos en los que, de forma individual y con la necesaria intervención judicial y el adecuado control parlamentario, los derechos reconocidos en los artículos 17, apartado 2 y 18, apartados 2 y 3, pueden ser suspendidos para personas determinadas, en relación con las investigaciones correspondientes a la actuación de bandas armadas o elementos terroristas». Y añade: «La utilización injustificada o abusiva de las facultades reconocidas en dicha ley orgánica producirá responsabilidad penal, como violación de los derechos y libertades reconocidos por las leyes».

El legislador, dado el problema del terrorismo de ETA, aprobó bien pronto en la primera legislatura la LO 11/1980, de 1 de diciembre, sobre los supuestos previstos en el art. 55.2 CE. En la II Legislatura se aprobó la LO 9/1984, de 26 de diciembre contra la actuación de bandas armadas y elementos terroristas y de desarrollo del art. 55.2 CE, cuya inconstitucionalidad parcial fue confirmada por la STC 199/1987, de 16 de diciembre[31]. El precepto constitucio-

---

31 Véase al respecto Martínez Cuevas, M.aD.; *La suspensión individual de derechos y libertades fundamentales en el ordenamiento constitucional español: Un instrumento de defensa de la Constitución de 1978*, Comares, Granada, 2002, p. 192 y ss.

nal fue después desarrollado por la Ley Orgánica 4/1988, de 25 de mayo, que fue objeto de consideración específica por la STC 71/1994, de 3 de marzo.

Estamos en presencia de un precepto constitucional que carece de todo precedente en nuestro constitucionalismo histórico y, lo que es más notable, en el Derecho constitucional comparado, puesto que la previsión del art. 18 de la Ley Fundamental de Bonn sobre suspensión individual de derechos tiene un alcance mucho más limitado. Sin embargo es cierto, que cuando se reúnen los constituyentes españoles en 1977, muchos países europeos estaban introduciendo en su legislación ordinaria[32] medidas específicas contra las bandas terroristas —que son, sin duda de ningún género, la razón de ser del art. 55.2 CE—, amén de que se conecta con la línea que empieza a definir la Convención para la prevención y represión del terrorismo y siguen una larga serie de Convenciones internacionales[33]. De todas formas, es una cierta innovación en materia de Derecho constitucional por parte de nuestra Constitución y consecuentemente no puede extrañar que su desarrollo legislativo plantease delicados problemas de constitucionalidad sobre los que ha tenido oportunidad de pronunciarse especialmente la STC 199/1987.

Dicho de forma muy resumida, la doctrina principal que se sienta en dicha resolución se basa en varias ideas. La primera es que la suspensión individualizada de derechos sólo puede aplicarse a los supuestos mencionados en el art. 55.2 CE, sin margen creativo para el legislador. El concepto de bandas armadas ha de ser interpretado restrictivamente y en conexión, en su trascendencia y alcance, con el de «elementos terroristas», mencionado en el precepto constitucional.

La segunda es que es contraria a la letra constitucional la suspensión de derechos fundamentales a las personas que hicieran apología de los delitos cometidos por bandas armadas o elementos terroristas. La tercera es que se considera legítimamente incluidos en el supuesto del art. 55.2 CE a las bandas armadas sin objetivo político y a los «elementos rebeldes»[34].

---

32 Por ejemplo, la ley irlandesa contra el terrorismo de 1973; la ley provisional británica sobre prevención del terrorismo de 1974, así como la ley del mismo país de 1976 y las disposiciones ulteriores que prorrogan su vigencia; la reforma alemana sobre procedimiento criminal en materia de terrorismo de septiembre de 1977; las leyes italianas contra el terrorismo de 5 y 28 de abril de 1978...

33 Cabe citar, entre otras iniciativas análogas, la Convención para la represión de la captura ilícita de aeronaves (La Haya, 1970); la Convención sobre la prevención y la represión del terrorismo (Washington, 1971); la Convención sobre actos ilícitos cometidos contra la seguridad de la aviación civil (Montreal, 1971); la resolución adoptada sobre terrorismo por la Asamblea General de la ONU el 18 de diciembre de 1972; la Convención europea para la represión del terrorismo (Estrasburgo, 1976); la resolución de la Comisión de asuntos jurídicos de la Asamblea del Consejo de Europa sobre la represión del terrorismo y la función de policía (Estrasburgo, 1978).

34 La STC 199/1987 declaró inconstitucionales determinados preceptos de la LO 9/1984, lo que obligó a dictar la Ley Orgánica 4/1988.

9. Jurisprudencia sobre el estado de alarma

A pesar de que las emergencias que han dado lugar a la necesidad de la aplicación del estado de alarma han sido situaciones muy recientes, por lo que las decisiones judiciales susceptibles de sentar jurisprudencia son escasas, sí que existen ciertas sentencias en materias relacionadas con los estados de alarma.

De una parte, encontramos las sentencias del Tribunal Constitucional en respuesta a recursos de amparo y recursos de inconstitucionalidad, y de otra las decisiones de los órganos jurisdiccionales ordinarios, estudiando la cuestión desde la perspectiva de la licitud de las restricciones impuesta a los derechos fundamentales en distintas situaciones de emergencia.

Respecto de la jurisprudencia constitucional, debemos anotar que estamos ante decisiones de especial relevancia, pues versan sobre el alcance de la limitación de derechos contenida en los decretos de estado de alarma. Aunque abordaremos el particular en un capítulo posterior de la obra, baste decir por el momento que, de todas las dictadas, ha sido la STC 148/2021, de 14 de julio, la que decidió que el confinamiento era una restricción tan intensa de derechos fundamentales que de facto fue una suspensión de los mismos, extremo prohibido, constitucionalmente hablando, por la Constitución: en el estado de alarma no cabe suspender derechos individuales, tal cosa solo puede hacerse si se declara el estado de excepción o el de sitio.

La primera sentencia del Tribunal Constitucional en esta materia se produjo a propósito del estado de alarma decretado para afrontar la crisis de los controladores aéreos en el año 2010. Esta es la STC 83/2016, de 28 de abril. Esta sentencia vino propiciada por un recurso de amparo ante el Tribunal Constitucional planteado por los controladores aéreos tras un procedimiento contencioso- administrativo en el cual fueron desestimadas las pretensiones de las personas demandantes.

En este proceso, los demandantes recurrieron el estado de alarma mediante el cual los controladores aéreos dependientes de la empresa pública AENA pasaron a mando militar durante la vigencia del mismo. Los Tribunales de lo contencioso-administrativo desestimaron la demanda, alegando que la función constitucional del gobierno de declarar el estado de alarma, en virtud de las prerrogativas que les confiere el art. 116 CE no son objeto de control por parte de la jurisdicción contencioso-administrativa.

Los demandantes alegaron que se les había generado una situación de indefensión al no poder formular sus pretensiones, asegurando que se había vulnerado su derecho a una tutela judicial efectiva. Sin embargo, el Tribunal Constitucional, fundándose en las conclusiones recabadas por el Abogado del Estado, concluyó que debía desestimar el recurso de amparo y las pretensiones de los demandantes, al considerar que no había vulneración de la tutela judicial efectiva, dando así la razón a los tribunales del orden contencioso administrativo.

Además, los controladores aéreos alegaron que se había producido una limitación injustificada de sus derechos fundamentales. Esta petición también resultó desestimada por el Tribunal Constitucional en sustento de la Ley Orgánica 4/1981, que establece la prerrogativa a la autoridad competente a adoptar las medidas necesarias para garantizar los servicios públicos esenciales, así como el correcto cumplimiento de los derechos fundamentales. Recordemos que la suspensión del tráfico aéreo fue considerada como una suspensión del derecho de libre circulación de personas y la paralización de un servicio esencial; el tráfico aéreo.

En definitiva, la jurisprudencia constitucional, a través de la STC 83/2016, de 28 de abril, estipula que las medidas normativas adoptadas por la autoridad competente al amparo del estado de alarma gozan de rango de ley, por lo que no es posible fiscalizarlas a través de la jurisdicción contencioso-administrativa. Las limitaciones de derechos fundamentales impuestas a través de un real decreto de estado de alarma ya poseen un mecanismo para controlar el carácter constitucional de las mismas, que se contiene en los procedimientos previstos en la Ley Orgánica del Tribunal Constitucional y en la propia Constitución Española.

En el ámbito del Real Decreto de estado de alarma dictado para afrontar la crisis sanitaria derivada de la primera ola de la Pandemia de la COVID-19, cabe resaltar que la inmensa mayoría de recursos han sido inadmitidos por el Tribunal Constitucional, como fue el caso del recurso de inconstitucionalidad interpuesto contra a disposición final segunda del Real Decreto-ley 8/2020, de 17 de marzo, de medidas urgentes extraordinarias para hacer frente al impacto económico y social del COVID-19.

No obstante, sí hay que resaltar que recientemente el Tribunal Constitucional ha declarado la inconstitucionalidad de una de las medidas principales del Real Decreto 463/2020, de 14 de marzo, por el que se declara el estado de alarma para la gestión de la situación de crisis sanitaria ocasionada por el COVID-19, la referente a la limitación del tránsito de personas por la vía pública. La decisión se basa en que, para decretar una medida de restricción de derechos fundamentales de tal calibre, la figura constitucional adecuada para ello es la del estado de excepción, y no el estado de alarma. Está decisión sentará un importante precedente jurisprudencial, ya que, el futuro, si llegara a ser necesario recurrir a un confinamiento domiciliario, será necesario recurrir a la figura del estado de excepción, y no a la del estado de alarma.

En cuanto a la jurisprudencia ordinaria, destacan varias sentencias que revocan normas adoptadas por el gobierno central y los distintos gobiernos autonómicos en materia de restricción de derechos fundamentales

En este caso sí que se han admitido a trámite varios recursos frente a medidas limitativas de los derechos fundamentales planteadas por el Gobierno de la Nación o por los gobiernos autonómicos. Estas decisiones judiciales de los Tribunales Superiores de Justicia se basan en analizar si las restricciones de derechos fundamentales gozan de asiento jurídico sólido y, por ende, se han respetado todas las garantías constitucionales ya que sobrevolaba la sospecha de la ilicitud de medidas que de facto tuvieron a la población encerrada en sus casa durante casi tres meses.

A pesar de que son muchas las sentencias de los Tribunales Superiores de Justicia en las Comunidades Autónomas, uno de los casos paradigmáticos es el que se produjo a raíz del recurso presentado contra la Orden 1273/2020, de 1 de octubre, de la Consejería de Sanidad por la que se establecen medidas preventivas en determinados municipios de la Comunidad de Madrid. Este supuesto se suscitó a raíz de un incremento considerable de la propagación del virus causante de la COVID-19 en el territorio de la Comunidad autónoma de Madrid. No obstante, tras el fin del estado de alarma en junio de 2020, se entiende que el desarrollo normal de las instituciones del estado resulta suficiente y bastante para lidiar con la situación derivada de la crisis sanitaria, que por lo demás continuaba su luctuoso curso.

Ahora bien, en este funcionamiento en normalidad de la actividad institucional, sólo cabe restringir los derechos fundamentales atendiendo a sus límites constitucionales ordinarios. De necesitar llevar a cabo restricciones más intensas, insistimos en ello por mor de su importancia, se debería acudir a cada una de las figuras de estados excepcionales que regula nuestro ordenamiento constitucional. Para ello se debe recurrir al derecho de excepción, a través de la figura de los estados de alarma, excepción y sitio[35]. En el contenido de la Orden 1273/2020 se incluían cuestiones relativas a la limitación de la libre circulación de personas, en concreto, de entrada y salida de una serie de municipios. El Tribunal Superior de Justicia de Madrid entendió que estas limitaciones constituían una injerencia de las autoridades sobre los derechos fundamentales recogidos en la Constitución Española, en concreto en su art. 19, por lo que estas no era posible llevarlas a cabo sin habilitación legal que las ampare.

En consecuencia, el gobierno se vio obligado a adoptar un nuevo estado de alarma para garantizar la salud de los ciudadanos y el correcto funcionamiento del sistema de salud pública. Asimismo, este estado de alarma otorgaba un amparo legal a las medidas que había adoptado, junto al Consejo Interterritorial del Sistema Público de Salud, en la Orden 1273/2020 y que ahora sí gozaban de un amparo legal para poder limitar ciertos derechos fundamentales.

La STC 148/2021 fue la primera que se dictó sobre el enjuiciamiento de la declaración del estado de alarma propiamente dicho. El 6 de noviembre del

35 La profesora Carmona Cuenca entiende que no existe, en lo sustancial, una diferencia clara entre limitación y suspensión de derechos fundamentales en nuestro ordenamiento jurídico. *Vid.* CARMONA CUENCA, E; «Estado de alarma, pandemia y derechos fundamentales ¿limitación o suspensión?», *Revista de Derecho Político*, n.º 112, 2021, pp. 13-42.

año 2020, más de 50 diputados de un grupo parlamentario del Congreso de los Diputados interpusieron un recurso de inconstitucionalidad frente a los estados de alarma adoptados por el Ejecutivo y sus prórrogas aprobadas en el Congreso. La causa del recurso de inconstitucionalidad versaba sobre, desde la perspectiva de los recurrentes, una torticera aplicación del derecho de excepción para generar una suspensión de derechos fundamentales de los ciudadanos más allá de las prerrogativas que le otorga la Constitución y durante un periodo más prolongado que lo estrictamente necesario. Además, mediante el sistema de prórrogas excesivamente largo, el recurso alega que el gobierno trató de burlar los mecanismos de control constitucional del Congreso de los Diputados.

Las dos cuestiones fundamentales que el Tribunal Constitucional debía dirimir en la resolución del recurso eran si las medidas aprobadas por el gobierno en los sendos decretos de estado de alarma causados por la crisis sanitaria pandémica cumplían con los principios de proporcionalidad y de temporalidad y, la segunda, sobre si el sistema de prórrogas de los estados de alarma permitió al Congreso de los Diputados supervisar la actividad gubernamental.

Pues bien, el Tribunal Constitucional, muy dividido, decidió estimar parcialmente el recurso de inconstitucionalidad, entendiendo que las medidas aprobadas cumplieron con los criterios de temporalidad y de proporcionalidad, ya que fueron las oportunas y estrictamente necesarias para reducir los contagios y mitigar las consecuencias de la pandemia en la población, pero que fallaron los mecanismos de control parlamentario en la única prórroga del último estado de alarma, aprobada en noviembre de 2020, cuya prórroga se aprobó por un periodo de seis meses sin volver a someterse a votación parlamentaria en todo ese tiempo, lo cual constituiría una privación grave de sus potestades al parlamento. Ello llevó a declarar parcialmente inconstitucional la prórroga del Real Decreto 926/2020, de 25 de octubre, por el que se declara el estado de alarma para contener la propagación de infecciones causadas por el SARS-CoV-2, que se produjo el día 9 de noviembre de ese mismo año hasta el 9 de mayo del 2021.

Ahora bien, en la propia sentencia se alzaron una serie de voces discordantes en el seno del Tribunal Constitucional en forma de votos particulares. En concreto, fueron los de los magistrados José González Rivas, Antonio Xiol Ríos, Cándido Conde-Pumpido y Maria Luisa Balaguer. Estos magistrados consideraron que, en primer lugar, el Tribunal Constitucional se había excedido en sus prerrogativas, al sustanciar por la vía del recurso de inconstitucionalidad, y no del amparo, un litigio a causa del procedimiento de adopción de las medidas de limitación de derechos fundamentales, y no de los derechos fundamentales en sí. En segundo lugar, que la sentencia llega un año y medio tarde, por lo que, en la práctica, no tiene más efectos materiales que el mero hecho de que el estado de alarma haya sido declarado parcialmente inconstitucional. Por último, el principal argumento que sostienen los votos particulares se basa en que el control parlamentario al gobierno sí se produjo, ya que en el propio decreto de estado de alarma se recogen los datos e índices precisos para conocer detalladamente la situación, se produjeron comparecencias periódicas del gobierno ante las cámaras y reuniones en comisión del Ministro de Sanidad con los grupos parlamentarios.

Sin duda, ha sido una sentencia muy controversial ya que, aunque la defensa de los derechos fundamentales y democráticos de la población, entendida con el control parlamentario al gobierno como una de sus máximas expresiones, no se puede evitar la cuestión de que, de fondo, planea un conflicto político, en tanto que los distintos partidos pretenden influir y socavar la independencia en las decisiones del Tribunal Constitucional.

10. A modo de reflexión final

Para concluir, hay que resaltar que es una condición indispensable en cualquier Estado democrático de derecho otorgar una protección muy estricta de los derechos fundamentales. Esta protección conlleva que en circunstancias de emergencia en las que hay que realizar un sacrificio colectivo, en ocasiones, traducido en la limitación de derechos fundamentales para poder garantizar el cumplimiento de otros, dicha limitación debe estar sujeta siempre al control jurisdiccional de Tribunal Constitucional, para que esta se lleve a cabo siempre de acuerdo con la Constitución Española. Asimismo, el Gobierno de la Nación, institución sobre la cual recae la iniciativa a la hora de proponer la adopción de uno de los estados de excepcionalidad constitucional, debe estar sujeto a la democratización de este a través del control parlamentario por parte de los representantes de la ciudadanía en el Congreso de los Diputados.

El transcurso de la historia nos ha demostrado que, en el futuro, se volverán a suscitar situaciones de emergencia que obligarán a las instituciones del Estado a limitar los derechos fundamentales y a la ciudadanía a realizar enormes sacrificios colectivos para protegernos los unos a los otros. Sin embargo, la experiencia actual debe servirnos para no perder la perspectiva, y a ser críticos cuando las instituciones públicas realicen restricciones de derechos más allá de lo necesario o durante un periodo de tiempo excesivo. Como bien señaló Hannah Arendt en su obra, los ciudadanos sin Estado carecen de derechos fundamentales, y la libertad debe ser en centro de la acción política. Por lo tanto, es responsabilidad de las instituciones públicas responder proporcionadamente ante emergencias, para lo cual el estado democrático y de derecho se dota de tres poderes diferenciados, el ejecutivo, el legislativo y el judicial, que serán los que se encarguen de establecer los límites a la imposición de medidas restrictivas de derechos fundamentales. Por último, también la ciudadanía debe ser responsable a la hora de asumir los sacrificios necesarios para afrontar la emergencia, y ser crítica cuando dichas normas se hayan extralimitado en la medida que sobrepasen las prerrogativas que les confiere la Constitución Española.

CAPÍTULO 2

LOS SUCESIVOS ESTADOS DE ALARMA

En este apartado vamos a reflexionar en voz alta sobre la declaración de los diferentes estados de alarma que regularon las acciones gubernamentales llevadas a cabo desde marzo de 2020 en adelante.

Conviene ser claros y concisos al respecto. Más allá del trazo grueso que tiene la afirmación, lo cierto y verdad es que vivimos en aquellos tiempos, en palabras de Jorge de Esteban, un «estalinismo sanitario», por la dureza de las medidas adoptadas para enfrentar la pandemia, especialmente el confinamiento[36].

Veamos detenidamente cómo sucedió todo.

1. Introducción

En el presente trabajo se realiza una suerte de relatoría de las principales medidas que adoptó el Gobierno de España para luchar contra la pandemia provocada por el COVID-19, con especial dedicación a las medidas que luego el Tribunal Constitucional declaró inconstitucionales[37].

A tal fin, primero se relata cómo llega a España la pandemia. Después se refieren los sucesivos estados de alarma declarados y las políticas adoptadas a su través. Posteriormente se analiza qué sucedió para que se planteara aplicar el artículo 155 CE a la Comunidad Autónoma de Madrid, medida que al final se rebajó a decretar un estado de alarma sólo para dicha autonomía (para nueve de sus municipios, en concreto). Posteriormente se desarrolla la idea de combatir la pandemia con la Constitución. Se abrocha el texto con una reflexión final.

---

36 La expresión la encontré en De Esteban, J; *El libro que democratizó España*. Memorias constituyentes, Tirant lo blanch, Valencia, 2021, p. 43.

37 Este capítulo conforma una revisión y puesta al día de las diferentes contribuciones que se escribieron en su día a solicitud del medio digital *The Conversation*. Pueden verse aquí: https://theconversation.com/es/search?q=Ignacio+%C3%81lvarez+rodriguez&sort=relevancy&language=es&date=all&date_from=&date_to= (último acceso: 24/02/2023).

2. Llega la pandemia

Estamos en marzo de 2020. Con la pandemia por la COVID-19 ya desatada sin control a lo largo y ancho de nuestro país, el Gobierno de la Nación decretó el estado de alarma y, entre otras medidas, el confinamiento de toda la población que vivía en España. Fueron casi tres meses de lo que algunas voces han llamado, con razón, arresto domiciliario, pues sólo se podía salir a la calle para cubrir las necesidades básicas y por tiempo determinado (la picaresca de aquellos días probablemente salvó la vida y unos mínimos de salud mental de muchos). Eso en cuanto al ciudadano corriente, porque algunas personas, por mor de su trabajo, tenían salvoconductos que les permitieron hacer vida más o menos normal[38].

Ha sido especial y tristemente ilustrativo que cierta parte de la clase política dirigente actuase al margen de las reglas que esa misma clase impuso al común de los mortales. Tal cosa no ha sucedido sólo en España, claro está, sino que gobiernos como el británico han tenido a la cabeza a personas como Boris Johnson, investigado por saltarse las reglas en cuanto a la vida social desplegada en el *10 de Downing Street* durante la pandemia.

Nada nuevo bajo el sol: el poderoso actúa con bastante impunidad y el ciudadano de a pie sufre en su casa para seguir conservando la vida y ganarse el sustento, poder teletrabajar, atender a su familia y, entre medias, no morirse del susto derivado del cataclismo pandémico. Eso quienes siguieron con vida, dado que el goteo de muertos y enfermos sigue siendo tan abrumador hoy que todavía cuesta ponerlo negro sobre blanco sin un nudo en la garganta.

3. Tres estados de alarma y sus prórrogas

La cronología de los hechos recientes que hemos tenido que sufrir los españoles puede relatarse de la forma que sigue. El primer estado de alarma a nivel nacional se decreta el 14 de marzo de 2020. Se prorrogó seis veces, hasta el 21 de junio de 2020. Se abrió posteriormente el periodo llamado «de nueva normalidad», hasta que en octubre de 2020 se decretó un segundo estado de alarma que sólo afectaba a nueve municipios de la Comunidad Autónoma de Madrid y que finalizó el 24 de octubre de 2020. El día siguiente, 25 de octubre de 2020, se decretó el tercer estado de alarma (segundo a nivel nacional), que duró hasta el 9 de mayo de 2021.

---

38 Pueden verse los diferentes trabajos compilados en Garrido López, C (coord.); *Excepcionalidad y Derecho: el estado de alarma en España*, Fundación Manuel Giménez Abad, Zaragoza, 2021, especialmente el de Cotino Hueso, L; «La (in)constitucionalidad de las restricciones y suspensión de la libertad de circulación por el confinamiento frente a la covid», pp. 159 y ss.

A la luz de los acontecimientos que sucedieron aquellos días, es probable que algunas de las prórrogas actuaran como punto de inflexión de lo que fue, a todas luces, un clamor frente a la gestión gubernamental. Se aprecia un dato que no ha sido puesto en tela de juicio por voz alguna: mientras que los primeros embates de la pandemia fueron gestionados exclusivamente por el Gobierno de la Nación, la segunda fase que se abrió cuando se decretó el segundo estado de alarma a nivel nacional recayó sobre todo en los Gobiernos de las Comunidades Autónomas, quienes se habían quejado amargamente de haber sido dejados de lado a la hora de gestionar la primera ola[39].

Una de ellas, la cuarta, marcó cierto punto de inflexión, toda vez que contó con menor aprobación parlamentaria que en ocasiones anteriores. ¿Cambió algo en esta cuarta prórroga? ¿Despuntaba ya en el horizonte la eventual vulneración de derechos fundamentales que posteriormente fue declarada por el Tribunal Constitucional? La Constitución de 1978 previó un plazo inicial de 15 días para decretar una situación de estado de alarma porque parecía ser margen suficiente para hacer frente a las primeras urgencias de la realidad a combatir en cada uno de los supuestos de hecho. Ya sabemos, en pleno 2022, que tal plazo se antoja exiguo si se trata de combatir jurídicamente un virus tan lesivo y letal como el del coronavirus[40].

Recordemos una cuestión crucial: una vez declarado el primer estado de alarma por el Gobierno —que debía ser, como fue, razonado y argumentado convenientemente en el Decreto correspondiente— y acabada su duración de 15 días, todas y cada una de las prórrogas fueron de competencia exclusiva del Congreso de los Diputados, así como las condiciones bajo las que se evacuaron esas prórrogas. Es cierto que en las primeras no se impusieron apenas restricciones palpables a la acción gubernamental. Una vez más, quedó demostrada la clarísima preeminencia del poder ejecutivo sobre el legislativo. No obstante, los Parlamentos siempre han mostrado una acusada tendencia a la resiliencia, especialmente cuando ni siquiera cuando esa palabra existía[41]. De muestra, un botón: la autorización de la tercera prórroga ya fue votada en

39 Puede verse una cronología de los hechos al hilo de la opinión de los expertos consultados en la «Encuesta» del número monográfico de la *Revista Teoría y Realidad Constitucional* n.° 48, 2021, pp. 1-88. Los autores encuestados fueron Manuel Aragón Reyes, Raúl Canosa Usera, Ana Carmona Contreras, Pedro Cruz Villalón, Carlos Garrido López, Miguel Ángel Presno Linera, y Tomás de la Quadra-Salcedo y Fernández del Castillo. Además, véase Pomed Sánchez, L; «Algunas notas sobre los sucesivos estados de alarma declarados en 2020». En Tudela Aranda, J (coord.); *Estado autonómico y COVID-19: un ensayo de valoración general*, Zaragoza, 2021, p. 157 y ss.

40 *Vid.* Álvarez García, V.J; «Los medios jurídicos necesarios para la lucha frente a las futuras pandemias», *Revista General de Derecho Administrativo*, n.°. 59, 2022, p. 1 y ss.

41 *Vid.* De Lázaro Redruello, G; «¿Parlamentarismo sin mayorías o parlamentarismo «sin Gobierno»?», *Revista de Estudios Políticos*, n.° 182, 2018, pp. 129-157; y Torres Muro, I; «Constitución y Parlamento. Notas para la comprensión de la institución parlamentaria en el siglo XXI», *Revista de las Cortes Generales*, n.° 87, 2012, págs. 7-44.

contra por tres grupos parlamentarios y contó con la abstención de otros tres. La quinta sumó también diversos votos en contra. La lógica de la secuenciación temporal tuvo que ver con ir adaptando las medidas a las necesidades del momento. El Congreso estudiaba las medidas que proponía el Gobierno y, a medida que se sucedían los días, el sistema *check and go* oponía más resistencia, paulatinamente, al hecho de desatar las manos del Ejecutivo[42].

La quinta prórroga tuvo diferencias palpables con las anteriores dado que el Congreso de los Diputados entendió pertinente introducir algunas condiciones. La primera fue la posibilidad de celebrar elecciones a parlamentos de Comunidades Autónomas, aunque esté vigente el estado de alarma (fue algo extrañísimo que las primeras autonómicas que tenían que celebrarse, las gallegas y las vascas, fueron suspendidas por sendas decisiones de sus respectivos presidentes autonómicos sin base legal ni título competencial: la situación lo desaconsejaba y no hubo ni una voz más alta que otra)[43]. La segunda fue conminar al Gobierno a que asegurase que los municipios que constituían enclaves reabrieran el tratamiento propio de la provincia que les circunda, sin que sea obstáculo que ésta pertenezca a una Comunidad Autónoma distinta. Además, durante el proceso de desescalada el Gobierno podía acordar con cada Comunidad Autónoma la modificación, ampliación o restricción de las limitaciones imperantes (como luego fue el caso de casi todas, señaladamente la Comunidad de Madrid, asunto al que luego dedicaremos algunas palabras)[44].

Que se necesite una mayoría simple (más *síes* que *noes*) del Congreso de los Diputados para prorrogar el estado de alarma permite una adaptación flexible a las circunstancias, pero no más que eso. De ahí que la normas impongan al Gobierno que justifique, documente y razone los motivos por los que solicita dicha prórroga. No basta una petición genérica o vacía de contenido. Las sucesivas prórrogas fueron solicitadas cumpliendo tales exigencias, pero eso, conforme pasaba el tiempo, empezaba a ser insuficiente. El Congreso, como se vio, tuvo una voluntad política creciente de controlar la acción gubernamental, máxime teniendo en cuenta el poder exorbitante

42 *Vid.* Presno Linera, M.Á; «El estado de alarma en crisis», *Revista de las Cortes Generales*, n.º 111, 2021, pp. 129-197.

43 *Vid.* Greciet García, E; «Las convocatorias a elecciones autonómicas durante la pandemia del COVID-19», en Tudela, J; y Kölling, M (eds.); *Calidad democrática y Parlamento*, Fundación Manuel Giménez Abad-Marcial Pons, Madrid, 2022, p. 309 y ss. Para un análisis de todos los procesos electorales celebrados en tiempos pandémicos (Galicia, País Vasco, Cataluña, Madrid y Castilla y León) véase Bustos Gisbert, R; «Democracia y pandemia», en Tudela, J; y Kölling, M (eds.); *Calidad democrática y Parlamento*, Fundación Manuel Giménez Abad-Marcial Pons, Madrid, 2022, p. 247 y ss.

44 *Vid.* De la Quadra-Salcedo Janini, T; «Estado Autonómico y lucha contra la pandemia». En Biglino Campos, P; y Durán Alba, J.F (dirs.); *Los efectos horizontales de la covid-19 sobre el sistema constitucional: estudios sobre la primera oleada*, Fundación Manuel Giménez Abad, Zaragoza, 2021, p. 59 y ss.

del que gozaba el Ejecutivo en las circunstancias extraordinarias de aquellos días. Al menos hasta que llegó la prórroga por seis meses, que el Congreso acabó concediendo y que finalmente la STC 168/2021, de 5 de octubre, declaró inconstitucional, por suspender los trabajos parlamentarios e impedir el ejercicio de las funciones representativas y de control al Gobierno[45].

Así las cosas, las principales razones que ofreció el Gobierno para solicitar la prórroga comentada fueron, por un lado, la necesidad de una desescalada gradual de acuerdo con los indicadores médicos y epidemiológicos nacionales e internacionales que manejaban los expertos. Y, por otro, que la progresión o regresión de esta se determinaría en función de la evolución de diversos indicadores, tanto sanitarios como epidemiológicos, sociales, económicos y de movilidad. Además, aceptaba el Ejecutivo que aquella podría aplicarse en diferentes ámbitos territoriales y con diferentes intensidades (las famosas fases), en colaboración con las autoridades autonómicas.

Esto es buena muestra de la posición abrumadoramente mayoritaria que buena parte de la doctrina defendió en aquellos días (y en los estudios jurídicos doctrinales que se están publicando en los últimos tiempos): el estado de alarma no es una cuestión de blanco o negro, sino que admite modulación en función de lo que demande la lucha contra la pandemia, con flexibilidad no exenta de rigor y atendiendo a la distribución competencial que establece nuestro Derecho[46]. Ya lo dijo Montaigne: *puede lograrse el mismo fin con diferentes medios*.

Por lo dicho anteriormente, aquella prórroga del primer estado de alarma no fue un mero trámite. La solicitud de las subsiguientes tuvo muy en cuenta la evolución de la pandemia, los argumentos del Gobierno y de lo que debía suceder para que se evacuara la autorización por parte de los parlamentarios. No podemos obviar que hemos vivido —y de alguna manera seguimos viviendo— una situación inédita en nuestra Historia reciente al que nadie podía oponer un acervo común experiencial basado en experiencias previas pues, sencillamente, no había experiencias previas sobre el asunto. Como suele ser costumbre, cuando las cosas se ponen así de feas, soluciones

---

45 La doctrina constitucionalista es, en este punto, más o menos unánime: debemos volver en cuanto las circunstancias lo permitan a los trabajos parlamentarios en modo presencial o, de lo contrario, la función representativa se verá seriamente mermada. *Vid.* García-Escudero, P; «El debido retorno del Parlamento a los hábitos prepandemia». En Tudela, J; y Kölling, M (eds.); *Calidad democrática y Parlamento*, Fundación Manuel Giménez Abad-Marcial Pons, Madrid, 2022, p. 347 y ss.

46 Véase, a título de ejemplo, García-Escudero, P; «Crisis sanitaria y modelo autonómico». En Tudela Aranda, J (coord.); *Estado autonómico y COVID-19: un ensayo de valoración general*, Zaragoza, 2021, p. 109 y ss; y Matia Portilla, F.J.; «Ensayo de aproximación a las cuestiones planteadas por la crisis sanitaria en relación con el estado autonómico». En Tudela Aranda, J (coord.); *Estado autonómico y COVID-19: un ensayo de valoración general*, Zaragoza, 2021, p. 157 y ss.

como la democracia liberal, que ayer «nos parecían tan poca cosa», mutaron a una «rareza a reivindicar y defender» cuando esa pandemia se manifestó en toda su crudeza[47].

Es muy posible que el Ejecutivo entendiera en aquellos días que para garantizar el mejor control y gestión del proceso fuera necesario seguir restringiendo la libertad de circulación de las personas (y afectar correlativa e inevitablemente al ejercicio de derechos fundamentales adicionales). Tampoco es descartable que el Congreso introdujera algunos requisitos adicionales en las prórrogas subsiguientes, cuya solicitud anticipó en su momento el líder del Ejecutivo.

Si el Congreso hubiese denegado alguna de las prórrogas solicitadas, el estado de alarma hubiere decaído y, con él, todo el Derecho de excepción dictado a su amparo. Lo cual no implicaba que sólo quedase el abismo. Diversos expertos apuntaron a esa panoplia de normas que permiten adoptar medidas de calado para gestionar situaciones de riesgo sanitario o similares, tales como la Ley Orgánica de Medidas Especiales en Materia de Salud Pública; la Ley General de Salud Pública; la Ley de Seguridad Nacional; o la Ley del Sistema Nacional de Protección Civil, entre otras.

En cuanto a la afectación de derechos fundamentales, comencemos por recordar lo evidente: el estado de alarma es un estado de emergencia previsto en la Constitución (junto con el estado de excepción y de sitio), donde está prohibido suspender, mucho menos eliminar, derecho fundamental alguno. Esto fue capital en la fundamentación jurídica de la STC 148/2021, de 14 de julio, pues el Tribunal Constitucional sentenció que el estado de alarma de marzo de 2020 fue inconstitucional dado que el confinamiento había sido de tal intensidad que se traspasó la restricción de derechos para ser una auténtica suspensión de facto, prohibida por la Constitución. Para poder suspender derechos fundamentales se exige, al menos, la declaración del el estado de excepción. Es cierto que la resolución fue muy debatida en el seno del Tribunal, siendo adoptada la decisión final por un seis contra cinco, con diversos votos particulares que la minoría opuso a la decisión de la mayoría[48].

El Derecho de excepción que regula la anormalidad democrática es finalista: busca combatir la catástrofe que proceda, en este caso una pandemia y sus efectos, y no puede ser empleado para cercenar derechos fundamentales. Sucede que en ese ínterin se pueden producir restricciones en su ejer-

---

47 Así se expresa literalmente ALBA RICO, S; *España*, Lengua de Trapo, Madrid, 2021, p. 244 y 245. Un compañero de coordenadas ideológicas dice que esta pandemia le sirvió para «pensar mucho» y que, de ese proceso reflexivo, extrajo como principal idea que la vida humana es frágil, que las sociedades son frágiles y que la pandemia anticipa una suerte de cataclismo climático para el planeta. *Vid.* ERREJÓN, I; *Con todo. De los años veloces al futuro*, Planeta, Barcelona, 2021, p. 337 y ss.

48 *Vid.* PRESNO LINERA, M.Á; «El Estado...», *cit, pássim.*

cicio, lo cual tiene cobertura legal y jurisprudencial. Ya lo dijo el Tribunal Constitucional en su STC 83/2016, de 28 de abril: «(...) la declaración del estado de alarma no permite la suspensión de ningún derecho fundamental (...), aunque sí la adopción de medidas que pueden suponer limitaciones o restricciones a su ejercicio» (FJ 8). La clave es saber si esas limitaciones y restricciones derivadas del confinamiento han llegado a ser suspensión, delgadísima línea que a buen seguro aclarará en próximas semanas el Tribunal Constitucional. Queda claro que el Gobierno adquiere mucho poder, lo cual es sinónimo de una gran responsabilidad, extremos ambos avalados en su día por la jurisprudencia constitucional (STC 133/1990, de 19 de julio; ATC 7/2012, de 13 de enero; y STC 83/2016, de 28 de abril).

El principio de responsabilidad de los poderes públicos sigue plenamente vigente en situación de excepcionalidad y así el Estado de Derecho que garantiza nuestra Constitución también queda amparado en una realidad extraordinaria, tal y como corroboran diversas normas constitucionales (artículos 9.3, 103, 55, 116 CE). Como el Estado de Derecho ni puede ni debe descansar, los tribunales siguen funcionando y asisten a la ciudadanía, adaptándose como buenamente pudieron a una situación realmente complicada. Recordemos las diferentes resoluciones dictadas en estos días por diversos tribunales de toda índole, desde Tribunales Superiores de Justicia hasta el Tribunal Supremo, pasando por el mismo Tribunal Constitucional. Nunca estuvimos solos y eso debe ser reconocido.

El Derecho en general y el Derecho Constitucional en particular se han demostrado absolutamente necesarios en esta crisis, no solo para gestionar una situación de quiebra de la salud pública sino para que la misma no destruya los fundamentos esenciales de la propia sociedad democrática española. La regulación actual ha sido eficaz embridando la Gorgona del poder, sin perjuicio de los apuntes doctrinales que se han evacuado en torno a las sombras que su aplicación ha generado, sombras que también se aprecian en los sistemas regionales de protección de derechos[49].

El Derecho de excepción tiene un carácter estrictamente transitorio cuya finalidad es superar la crisis. Por ello, los poderes excepcionales no pueden ser ilimitados (*el poder corrompe y el poder absoluto corrompe absolutamente*: Lord Acton vive). El uso de tales poderes excepcionales debe ser proporcional y sus disposiciones interpretadas de forma restrictiva, siempre al cuidado del Parlamento.

Quien albergue dudas sobre su existencia y eficacia, podría hacer el ejercicio mental de proyectar un *contrafáctico* e imaginar tener que enfrentar

---

49 Mediante la decisión de inadmisión recaída en el *asunto Cristian-Vasile Terhes c. Rumanía*, de 13 de abril de 2021, el TEDH entiende que el confinamiento impuesto por el Gobierno rumano no tuvo la intensidad suficiente como para lesionar el Convenio. *Vid.* Bouazza Ariño, O; «Notas de jurisprudencia del Tribunal Europeo de Derechos Humanos», *Revista de Administración Pública*, n.º 216, 2021, p. 366 y ss.

y gestionar esta dolorosísima crisis sin normas constitucionales. He ahí la razón de su imperiosa necesidad: sin ellas habitaríamos un mundo invivible e insoportable.

4. La *díscola* Madrid y el artículo 155 CE

En 2020 pudimos escuchar a algunas voces que abogaban por «intervenir» la Comunidad autónoma madrileña en aras de impedir la propagación de la segunda ola de la COVID-19[50]. Las negociaciones entre el Gobierno regional y el nacional parecían en punto muerto a la hora de inclinar la balanza de un lado u otro y, dado que ni siquiera se produjo un acuerdo de mínimos, vimos la situación se agravó y cundió el pánico y la amenaza de ruina de todo el sistema de salud autonómico. Se habló, *sotto voce* en algunas ocasiones, otras no, de aplicar el artículo 155 CE a la Comunidad de Madrid. Era una pugna de poder entre quienes parecen todavía hoy enemigos íntimos: el presidente del Gobierno y la Presidenta de la Comunidad. El rumor se instalaba en los mentideros. Se abogaba por una «intervención» de Madrid, pero nadie sabía nada.

La cuestión reside en saber si el Gobierno tenía cobertura constitucional para, persiguiendo ese fin, disponer de cualesquiera medios que estimase oportunos al amparo del artículo 155 CE. La respuesta, huelga decirlo, es negativa si se tiene el más mínimo respeto por el Estado de Derecho que la Constitución mantiene con pulso. Veamos los principales paraguas legales y que el lector saque las conclusiones pertinentes.

En primer término, debemos aludir al artículo 65.1 de la Ley 16/2003 de cohesión y calidad del Sistema Nacional de Salud, que reza así:

> «La declaración de actuaciones coordinadas en salud pública corresponderá al Ministerio de Sanidad, previo acuerdo del Consejo Interterritorial del Sistema Nacional de Salud, con audiencia de las comunidades directamente afectadas, salvo en situaciones de urgente necesidad, en cuyo caso se tomarán las medidas que sean estrictamente necesarias y se le informará de manera urgente de las medidas adoptadas».

No en vano, el precepto fue modificado por el Real Decreto-ley 21/2020, de 9 de junio, que ofrecía una cobertura muy similar en sus artículos 3 y 5. El artículo 3.1 establece:

> «Con carácter excepcional y cuando así lo requieran motivos de extraordinaria gravedad o urgencia, la Administración General del Estado promoverá, coordinará o adoptará de acuerdo con sus competencias cuantas medidas sean necesarias para asegurar el cumplimiento de lo dispuesto en este real decreto-ley, con la colaboración de las comunidades autónomas».

50 Por ejemplo, véase: https://www.larazon.es/espana/20200927/k5w6ffv4z5g57ase7epyxf-llp4.html (último acceso: 24/02/2022).

El artículo 3.2. señalaba:

> «Corresponderá a los órganos competentes de la Administración General del Estado, de las comunidades autónomas y de las entidades locales, en el ámbito de sus respectivas competencias, las funciones de vigilancia, inspección y control del correcto cumplimiento de las medidas establecidas en este real decreto-ley».

Por su parte, el artículo 5 cerraba el círculo al decir que:

> «Con arreglo a lo previsto por el artículo 65 de la Ley 16/2003, de 28 de mayo, de cohesión y calidad del Sistema Nacional de Salud, se procederá a la adopción de planes y estrategias de actuación para afrontar emergencias sanitarias, mediante actuaciones coordinadas en salud pública, atendiendo a los distintos niveles de riesgo de exposición y de transmisión comunitaria de la enfermedad COVID-19 para el desarrollo de las distintas actividades contempladas en este real decreto-ley».

En aquellos momentos era muy posible que las medidas a adoptar respondieran a la filosofía subyacente de las dos normas extractadas. La cuestión es qué sucedía si no eran suficientes o si eran palmariamente ineficaces. Quizá en tal tesitura —y sólo en tal tesitura— se especulaba con adoptar medidas mucho más gravosas. En ese sentido destacan dos que, dentro de la gravedad en la que estábamos instalados, presentaban problemas de diversa índole. La primera fue la que se llevó finalmente a cabo (declaración del estado de alarma sólo para nueve municipios de la Autonomía), mientras que la segunda era propia de quienes abogaban por asar la manteca (la aplicación del artículo 155 CE).

Conforme a la legislación vigente se decretó un estado de alarma parcial, entendiendo que se cumplían los requisitos constitucionales y atendiendo al principio de proporcionalidad que exige dicha legislación. El artículo 1.2 de la Ley Orgánica 4/1981 dirá así:

> «Las medidas a adoptar en los estados de alarma, excepción y sitio, así como la duración de los mismos, serán en cualquier caso las estrictamente indispensables para asegurar el restablecimiento de la normalidad. Su aplicación se realizará de forma proporcionada a las circunstancias».

Lamentablemente este principio cayó en el olvido respecto del confinamiento decretado, auténtica tábula rasa que obedeció a cierta *ley del péndulo*. Algunas voces apostaban por aplicar no sólo el estado de alarma parcial sino que auguraban su prórroga, haciendo caso omiso a las opiniones de los expertos que se pronunciaron en su día donde manifestaban serias dudas no sólo acerca de la licitud de la declaración en sí, sino de las prórrogas por tiempo superior a los quince días, así como de la suspensión de facto de derechos fundamentales. Los mismos problemas que se dieron en el primer estado de alarma, pero con escala en Madrid.

La segunda medida que algunos llegaron a promover entra dentro de la categoría del disparate nacional, esa obra que nunca ha dejado de crecer. La aplicación del artículo 155 CE. En aquellos momentos y dadas las circunstancias, aplicarlo a la situación que vivíamos en la Comunidad Autónoma de Madrid era harto complicado por desproporcionado. En primer lugar, ¿dónde residía exactamente el incumplimiento de las obligaciones de un Gobierno regional que ha tomado diferentes medidas para intentar atajar el mal que nos aquejaba y que anunciaba baterías adicionales de refuerzo? En segundo término, ¿cómo constatar que se causaba ya —no ya *pro-futuro*, lo cual es una *probatio diabólica* de todo punto imposible— un grave perjuicio al interés general de España? En tercer lugar, ¿se podría entender válido como requerimiento la reunión mantenida por el presidente del Gobierno con la presidenta de la Comunidad en aquellos días (la famosa *foto de las banderas)*? ¿Lo atendió esta al tomar las medidas referidas o se puede entender que, antes al contrario, su posterior negativa a endurecerlas deja la vía expedita para continuar la tramitación del 155? Muchas dudas y demasiados cabos sueltos en una decisión tan delicada como esta que se pretendía tomar por parte de la masa enfurecida de la margen izquierda. El artículo 155 CE no fue norma pensada para combatir casos como el de una pandemia, sino que es un mecanismo de coerción federal para luchar contra *eventuales* tentaciones secesionistas o rupturas graves del orden constitucional de cualquier especie.

Por si ello fuera poco, el único precedente de aplicación del precepto tuvo lugar en 2017, cuando el Gobierno de la nación hubo de aplicarlo después de que la Generalitat declarase unilateralmente la independencia de Cataluña. Es curioso que en aquellos días los adláteres de la intervención obviaron olímpicamente que el Tribunal Constitucional se pronunció sobre el particular en las SSTC 89/2019 y 90/2019 y allí expuso negro sobre blanco que el artículo 155 CE contempla un mecanismo absolutamente excepcional para afrontar «incumplimientos constitucionales extremadamente cualificados», una medida de último recurso ante una situación de «incumplimiento manifiesto y contumaz» o de «incumplimiento flagrante» de las obligaciones constitucionalmente impuestas. La pregunta nunca se evacuó por conductos oficiales, pero no es baladí recordarla ahora y aquí: ¿qué obligaciones impone la Constitución al Gobierno regional que este incumplió de modo flagrante a la hora de gestionar la pandemia?

No existía —y si existía no se conocía— el requerimiento previo del presidente del Gobierno central, Pedro Sánchez, a la presidenta del Gobierno regional, Isabel Díaz Ayuso, salvo que, como decíamos antes, se quiera entender implícito en la «reunión de las banderas», lo cual tampoco se compadecería con la forma en que actuó el Gobierno de la Nación en dicho precedente (acordándolo previamente en Consejo de ministros). El propio TC en las resoluciones comentadas dejaba claro que el artículo 155 CE no puede entenderse exento de límites, insistiendo en que en ningún caso el precepto podrá dar lugar a la suspensión indefinida de la autonomía o a su eventual supresión. Y un dato capital: según el propio Tribunal Constitucional la aplicación de este artículo no tolera limitar o excepcionar derechos fundamentales, cosa que mucho nos tememos hubiera sucedido en Madrid igual que sucedió para el resto del país: en vulneración flagrante de nuestra Constitución, tal y como ha dejado sentado el TC en la STC 148/2021, la STC 168/2021, y en la STC 183/2021.

Urgía, en fin, en aquellos momentos un acuerdo entre ambas administraciones que hubiere velado por la salud de todos los habitantes de Madrid. Un acuerdo proporcionado y firme. Un acuerdo constitucional en el sentido más noble del término, si es que tiene alguna acepción innoble. Pues bien, la respuesta que nos ofreció a los madrileños el Gobierno nacional fue la declaración de un estado de alarma en nueve municipios, allá por octubre de 2020.

Mediante esta declaración el Gobierno central tomaba las riendas de la crisis y se responsabiliza de las decisiones que adoptasen en lo sucesivo, asumiendo los eventuales costes sin pedir árnica a otros. De nuevo dijimos que el estado de alarma no permite suspender derechos fundamentales, aunque sí restringirlos. Aunque la frontera, después de tantos meses de dolorosa pandemia, continuaba siendo difusa, todo apuntaba a que la libertad de circulación iba a ser ampliamente restringida. El entramado constitucional se sometía a la enésima prueba de resistencia. Si la Constitución goza de un valor aquilatado es porque defiende con uñas y dientes a los ciudadanos de sus gobernantes, sean del color político que sean, al comprobarse sin solución de continuidad que quienes ejercen el poder tienden a abusar del mismo, incluso aun no queriendo. El corazón del constitucionalismo emana de la Declaración francesa de 1789 y es meridiano: si no hay separación de poderes y garantía de los derechos fundamentales, no hay Constitución.

Esto, a la luz del artículo 1 de la Ley Orgánica 4/1981, nos dejaba ciertas dudas sobre el nuevo estado de alarma solo para la Comunidad madrileña: ¿Realmente no se podía mantener la normalidad mediante los poderes ordinarios? ¿No había alternativas? ¿No señaló el propio Gobierno de España como primera opción que el Gobierno regional adoptara las medidas amparadas en la legislación ordinaria y no en el marco de un estado excepcional? Recordemos más cuestiones fundamentales. La Constitución recuerda la responsabilidad del Gobierno y de sus agentes y el artículo 3.1 de la propia legislación orgánica establece que todas y cada una de las medidas que se adopten —incluida la declaración del estado de alarma— quedan sujetas a control judicial. De nuevo, la Constitución nos auxilia reconociendo en sus artículos 1.1 y 9.3 qué es el Estado de Derecho y los principios que le son inherentes.

¿Acaso era el estado de alarma la única salida para el Gobierno nacional? La respuesta es no. Existían medidas de consenso que pueden tomarse por parte de ambos Gobiernos para luchar contra el nuevo azote pandémico. De hecho, el Tribunal Superior de Justicia de Madrid anuló las medidas dictadas por el Ministerio de Sanidad por una sencilla pero importante razón: una resolución de una Secretaría de Estado no es habilitación legal suficiente para restringir derechos fundamentales.

Se dio pábulo en aquellos días a la iniciativa de reformar la Ley Orgánica 4/1981 de forma *exprés* para dar cobertura a tal dislate. Dijimos también que había que ser especialmente cuidadosos en este punto, dado que modificar leyes *en caliente*, si ya en situaciones ordinarias da lugar a errores muy graves, en situaciones extraordinarias, donde además se afecta a derechos fundamentales, es potencialmente suicida. De ahí que la regulación legal del estado de alarma recuerde hasta la extenuación que todas y cada una de las medidas que se adopten a su amparo son transitorias y excepcionales y caen cuando caiga el estado de alarma.

La Constitución y la Ley prevén que la situación sea excepcional e intenta evitar a toda costa que se perpetúe. Cualquier persona de buena fe lee la regulación y entiende negro sobre blanco que la ley intenta *atar en corto* al Gobierno, no darle carta blanca. Eso, por no recordar que una Ley Orgánica es una norma con vocación de perdurar, todo lo contrario de un estado excepcional solo justificado por motivos excepcionales. Máxima prudencia, pues, y evitar legislar en caliente sobre la columna vertebral de nuestra democracia constitucional para combatir una pandemia.

Otro recordatorio. El artículo 116.5 CE dice que el funcionamiento del Congreso, así como el de los demás poderes constitucionales del Estado, no podrá interrumpirse durante la vigencia de estos estados, algo que reitera el artículo 1.4 de la Ley Orgánica 4/1981, al decir que «la declaración de los estados de alarma, excepción y sitio no interrumpe el normal funcionamiento de los poderes constitucionales del Estado».

El presidente del Gobierno, Pedro Sánchez, había conminado al Gobierno de la Comunidad de Madrid a aplicar su propia ley o afrontar el estado de alarma. ¿Cuál es la diferencia entre ambas fórmulas? Cuando habla de «su propia ley», la nota de prensa venía a imponer al Gobierno regional dicte una Orden al amparo de la Ley Orgánica 3/1986, de 14 de abril, de Medidas Especiales en Materia de Salud Pública, que es una ley estatal. El precepto reza así:

> «Con el fin de controlar las enfermedades transmisibles, la autoridad sanitaria, además de realizar las acciones preventivas generales, podrá adoptar las medidas oportunas para el control de los enfermos, de las personas que estén o hayan estado en contacto con los mismos y del medio ambiente inmediato, así como las que se consideren necesarias en caso de riesgo de carácter transmisible».

La principal diferencia es que en el primer escenario el Gobierno regional mantendría incólume sus competencias, pilotando el proceso y velando por el cumplimiento de las medidas restrictivas correspondientes, lo cual dejaría al Gobierno nacional *en el banquillo* a la espera de la evolución de los acontecimientos. No obstante, hay cuestiones de detalle que era aconsejable acotar. Un ejemplo: La comunidad de Madrid no tiene cuerpo policial propio y necesita el socorro de los cuerpos policiales estatales y locales para garantizar el cumplimiento de las medidas estipuladas. Deben cooperar porque nosotros, los ciudadanos, necesitamos que lo hagan por el bien de la salud individual y colectiva.

La vida no nos cambió mucho. El Gobierno central se atuvo a su propia palabra, y las medidas fueron «exactamente las mismas» a las que existían antes de ser invalidadas por el auto del Tribunal Superior de Justicia de Madrid. Esto es: limitación de movimientos de entrada y salida de los municipios afectados, salvo por motivos justificados (que son varios: laborales, educativos o de salud, por mencionar algunos). El estado de alarma no duró más de quince días. No en Madrid, vaya, porque acto seguido fue decretado para todo el país. La Comunidad Autónoma de Madrid sufrió tres estados de alarma consecutivos. La Ley de Pandemias que obviamente necesitamos sigue brillando por su ausencia. Nos dicen que todavía no podemos tener ese debate con la calma necesaria porque seguimos en shock y así no se puede legislar. Hasta entonces, ayer, hoy y siempre, la mejor «ley especial» es la Constitución.

Tuvimos que seguir recordando cosas sabidas pero no por ello menos importantes. Por ejemplo, que el estado de alarma es un instrumento en la caja de herramientas constitucional pero no cualquier herramienta. Por ejemplo, que ni el Gobierno nacional ni los Gobiernos autonómicos pueden limitar los derechos fundamentales, ni el de libertad de movimiento ni ningún otro, salvo situaciones muy excepcionales. Que hayamos tenido que sufrir restricciones para luchar contra la pandemia no significa que vayan a quedarse para siempre entre nosotros. Mucho menos ese *state of mind*. El dictamen del Consejo de Estado de 22 de marzo de 2021 dejó sentado que el hecho de que rija el estado de alarma no es sinónimo de que las autoridades sanitarias tengan que dejar de acordar y adoptar las medidas que estimen oportunas para luchar contra la pandemia, al amparo de la legislación sanitaria vigente[51].

5. Combatir la pandemia con la Constitución en la mano

Nos preguntamos en voz alta, una vez más, cómo combatir la COVID-19 con la Constitución en la mano. Tuvimos que recordar, una vez más, uno de los documentos fundacionales del constitucionalismo moderno, como la Declaración Universal de los Derechos del Hombre y del Ciudadano de 1789

51 *Vid.* CONSEJO DE ESTADO, *Dictamen 213/2021, sobre el Recurso de inconstitucionalidad contra determinados preceptos de la Ley de la Comunidad Autónoma de Galicia 8/2021, de 25 de febrero, de modificación de la Ley 8/2008, de 10 de julio, de salud de Galicia, de 22/03/2021*. En línea: https://www.boe.es/buscar/doc.php?id=CE-D-2021-213 (último acceso: 24/02/2023)

y su artículo 16, fórmula bien conocida en los cenáculos constitucionalistas: «Toda sociedad que carezca de división de poderes y de garantía de los derechos fundamentales carece de Constitución».

Nos preguntaban qué se puede hacer y no sabíamos muy bien cómo responder a la pregunta. Pero resultaba y sigue resultando sorprendente que nuestros gobernantes se mostrasen tan timoratos y dubitativos cuando el arsenal normativo que de ordinario despliegan revela, más bien, lo contrario a timidez. Quienes pagamos religiosamente impuestos bien lo sabemos. Como consuelo, esperamos que no de necios, sí podemos saber lo que no se puede hacer.

Con la Constitución en la mano no se puede esconder o disfrazar una nueva restricción general de derechos fundamentales bajo la excusa de que tal cosa es lo que demanda la lucha a brazo partido contra la pandemia. Si ya era discutible la dureza de las restricciones con el estado de alarma en vigor, una vez este decae las dudas se convierten en certezas.

El Derecho Constitucional se rige por un principio que conviene no olvidar: quienes ostentan el poder sólo pueden hacer aquello que el Derecho permite (vinculación positiva), mientras que los ciudadanos podemos hacer todo aquello que no esté prohibido (vinculación negativa). Esto significa que para poder restringir nuestros derechos fundamentales los poderes públicos deben seguir —no saltarse— las normas constitucionales. Esto se concreta en varios límites.

Primer límite: en situaciones de normalidad constitucional no cabe bajo ningún concepto restricciones generales de derechos fundamentales. Esto no es discutible y creo que nadie en su sano juicio lo discute, por más deseo de polemizar que pueda albergar.

Segundo límite: sólo cabe restringir derechos fundamentales de forma individual y razonada, motivando y argumentando el qué, el cómo, el cuándo, el por qué y, sobre todo, el para qué. La regla general es que toda restricción de derechos fundamentales debe buscar la protección y garantía de otros bienes y valores constitucionales merecedores de tal resguardo (por ejemplo, la «salud pública») pero no a costa de cercenar la base constitucional de nuestra convivencia.

Tercer límite: el principio de proporcionalidad. La limitación de derechos fundamentales debe buscar un fin constitucionalmente lícito, ajustarse al fin perseguido mediante medios adecuados y que no exista otro medio menos gravoso de lograr dicho fin. Va de suyo que las tasas de contagio y los ritmos de vacunación han marcado el paso y con ello las diferentes agendas gubernamentales.

Cuarto límite: cualquier regulación del ejercicio de los derechos fundamentales debe hacerse mediante una Ley Orgánica, que en todo caso debe respetar su contenido esencial. Nótese que regular no es restringir (Rawls) y la Constitución habla de lo primero y no de lo segundo (artículos 53 y 81

CE). Legislar en caliente no suele dar como fruto una buena legislación, pero si algo pudiera justificar hacer tal cosa —aceptemos como hipótesis que la pandemia no entiende de discusiones bizantinas— es, precisamente, poderla combatir con herramientas constitucionalmente adecuadas.

No hay duda de que una de las cosas que debemos hacer cuando todo haya pasado es acometer una profunda revisión de nuestro Derecho Constitucional de excepción, pero no es esa la tarea principal ahora. ¿Tan problemático resultaba de veras discutir y aprobar una ley orgánica, con las consultas que deban hacerse a todas las Comunidades Autónomas y con la participación de todos los grupos parlamentarios? ¿Tanto nos cuesta construir comunidad, una donde estemos todos y que nos interpele a todos, máxime en estos momentos?

No podemos cerrar estas líneas sino recordando algunas cuestiones esenciales sobre la libertad, esa causa tan traída y llevada en los últimos tiempos. Nuestros mayores nos enseñaron a cultivar los quehaceres del buen arte constitucional poniéndonos en guardia cuando se hable mucho de libertad. Porque, decían, cuanto más se habla de libertad más en peligro puede estar. Si una democracia constitucional lo es de verdad, va de suyo que las personas son libres porque ejercen dicha libertad a diario, no porque estén constantemente interrogándose sobre ello.

Libertad no es hacer lo que uno estime oportuno cuando estime oportuno. La libertad sólo pueda darse en comunidad. Un hombre solo en una isla desierta no es el hombre más libre de la Tierra: es un náufrago. Libertinaje es la palabra para describir lo que hemos visto en algunas ciudades de España cuando dieron las *nuevas campanadas* el 9 de mayo de 2021 (aunque la inmensa mayoría de ciudadanos estábamos pacíficamente en nuestras casas). La auténtica libertad lucha contra todo tipo de restricciones que el resto nos pone, conscientemente o no, en el camino.

Es así como ha sido siempre y así seguirá siendo. Dicho con otras palabras, el envés del ejercicio de la libertad es la responsabilidad individual: hacernos cargo de nuestros actos y responder por ellos, no hacer lo que nos venga en gana sin medir las consecuencias que para uno o para los demás pueda tener tamaño dislate en medio de una pandemia.

En esas estábamos cuando el Tribunal Constitucional sentenció que el núcleo de decisiones que el Gobierno adoptó en el marco de la lucha contra la pandemia eran inconstitucionales. En la STC 148/2021, de 14 de julio, el TC así lo estableció respecto del confinamiento. En la STC 168/2021, de 5 de octubre, el TC llegó a la conclusión de que la suspensión de las iniciativas parlamentarias impidió el ejercicio de la función representativa y de control al Gobierno por parte de los parlamentarios en lesión de la Constitución. En la STC 183/2021, de 27 de octubre, se hizo otro tanto con la prórroga de seis meses del estado de alarma (del 9 de noviembre de 2020 al 9 de mayo de 2021) así como respecto de los plazos de comparecencia del presidente del

Gobierno y del ministro de Sanidad para rendir cuentas ante el Parlamento y de la condición de autoridades competentes delegadas a las administraciones autonómicas.

Sin perjuicio de los análisis que a buen seguro hará la comunidad de expertos, podemos deducir algunas razones de urgencia a modo de balance. Por un lado, las instituciones de contrapeso como el Tribunal Constitucional están ahí para velar por todos. Es sencillamente inaceptable que el argumentario del Gobierno como reacción a la primerea declaración de inconstitucionalidad fuera «Nosotros salvamos vidas». No es que falte al más elemental respeto institucional, es que es falaz desde el punto de vista de los hechos (recordemos las aglomeraciones multitudinarias permitidas aquellos días donde la pandemia no existía oficialmente pero oficiosamente ya estaba asolando el país) y mendaz desde el punto de vista intelectual. Muy propio del pensamiento político actual, publicistas que ofrecen marcos entre líquidos, gaseosos, vaporosos e inexistentes.

Conste en acta que la disyuntiva siempre ha sido muy difícil de resolver: o se declaraba el estado de excepción (que permite suspensión de derechos y dota de mayor protagonismo al Congreso de los Diputados, pero no está previsto para combatir epidemias), o se mantenía el estado de alarma (apto constitucionalmente hablando para tal fin pero traje quizá estrecho para contener lo peor del embate de la COVID-19). No me cabe ninguna duda de que el Gobierno intentó de buena fe ajustarse y no soslayar el marco constitucional, toda vez que la Ley Orgánica 4/1981 precisamente permite declarar el estado alarma ante una pandemia. Nada que reprochar a la declaración del estado de alarma desde la óptica constitucional.

El problema sobrevino con algunas decisiones tomadas a su socaire, como el confinamiento general de la población, la suspensión de facto de los trabajos parlamentarios y/o la prórroga durante seis meses de dicho estado de alarma. Insistimos: la declaración del estado de alarma fue plenamente constitucional, pues se da el supuesto habilitante, pero, una vez declarado este, no sirve cualquier mecanismo para luchar contra la pandemia. Eso es lo que ha recordado el Tribunal Constitucional, guste más o menos. Huelga decir que es absolutamente falso que el TC se haya «alineado con las tesis de VOX», solo por el hecho de que algunos de sus parlamentarios promovieron diversos recursos contra ciertas decisiones del Ejecutivo que resultaron exitosos. Hasta un lego en la materia sabe que los jueces constitucionales actúan en defensa de la Constitución y del Estado de Derecho, no de una formación política determinada.

También parlamentarios del Partido Popular interpusieron recursos que acabaron siendo exitosos en sede constitucional y las terminales mediáticas correspondientes no dijeron mucho, toda vez que prefieren asociar al «ogro verde» todo lo malo que suceda en el sistema constitucional español. Parece ser que resoluciones como la STC 110/2021, de 13 de mayo, en la que se declaró inconstitucional la nueva composición de la Comisión delegada del Gobierno para Asuntos de Inteligencia, era una afrenta que algunos no podían ni querían dejar pasar. En lugar de valorar con cierta ecuanimidad que haya instituciones contra mayoritarias que defienden al ciudadano de a pie (¿puede haber algo más honesto con el pueblo llano?) prefieren lanzar invectivas contra quienes defienden, con las herramientas que tienen a su disposición, a dicho pueblo. Vivir para ver.

Como todos sabemos, el TC es principal garante de la Constitución. Intentar atisbar una politización en el pronunciamiento del tribunal no resiste el más mínimo análisis empírico. Un ejemplo: en la nota de prensa se anuncia el voto discrepante del presidente del órgano mientras que la vicepresidenta se ha sumado al criterio mayoritario de declarar inconstitucional el confinamiento. El primero se suele adscribir al sector *conservador* mientras que a la segunda la engloban dentro del sector *progresista*. ¿No rompe eso la lógica de los bloques? Si, pero se arrumba la verdad en el debate público. Los magistrados del TC dan razones en Derecho y defienden con solvencia sus argumentos jurídicos, tengan más o menos éxito a la hora de conformar las mayorías necesarias para dictar las sentencias. El *tribalismo identitario* ha llegado a una parte de los constitucionalistas. Y conste en acta que los votos particulares que ha emitido la minoría del TC tienen un calado tal que inducen a reflexión[52].

Recordemos que si por algo se caracteriza el constitucionalismo es por prevenir y evitar los posibles excesos del poder político. De ahí que los derechos fundamentales sean líneas rojas de toda acción gubernamental de excepción. Por eso la Constitución somete dicho poder a diferentes frenos y contrapesos, porque sabe —después de siglos de sangre, destrucción y dolor— que los seres humanos sucumbimos fácilmente a sus encantos (y sobre todo a sus desencantos). No eludamos el hecho de que todas las democracias constitucionales tienen mecanismos, si no iguales, sí muy parecidos. El ejemplo que se suele traer a colación para impugnar el anterior argumento, es el del Reino Unido, pero su Constitución no escrita se garantiza tanto por ciudadanos convencidos mediante la inveterada tradición del *common-law* como por un Estado de Derecho cimentado en torno a un poder judicial que culmina en el Tribunal Supremo y en el que se confía[53].

Lo que hace el TC es defender la Constitución y al hacerlo nos recuerda aquella máxima que promueve el *gobierno de las normas* antes que el *gobierno de las personas*. Cabe la discrepancia sana, intelectualmente recomendable y necesaria, faltaría más. Pero no a costa de la más elemental ver-

52 No se nos escapa que las críticas doctrinales han sido siempre aceradas. Se propende a elegir a jueces constitucionales que hayan tenido previamente eso que llaman algunos autores el «tacto de codos» con la clase política. *Vid.* SOSA WAGNER, F; y FUERTES, M; *Panfleto contra la trapacería política*, Editorial Triacastela, Madrid, 2021, p. 85.

53 *Vid.* LUCAS MURILLO DE LA CUEVA, P; «La pandemia, el estado de alarma y los jueces», *Revista Vasca de Administración Pública*, n.º 121, 2021, pp. 61 y ss.

dad que nuestros mayores nos enseñaron: separación de poderes y garantía de los derechos individuales. Ese es el corazón de toda Constitución que se precie. Lo extraño es que haya constitucionalistas que se separen de su propio objeto de estudio para negarlo.

6. A modo de reflexión final

Las líneas anteriores pretendían poner en común algunas ideas más o menos deslavazadas surgidas al hilo de la pandemia provocada por el COVID-19 y de la manera en que ha sido gestionada en España, a través de la herramienta del estado de alarma. Esta fue el marco jurídico de excepción implementado durante varios meses y, a su socaire, se adoptó una batería de medidas por parte del Gobierno de la Nación que, con el paso del tiempo, fueron declaradas inconstitucionales por el Tribunal Constitucional.

En tales declaraciones de inconstitucionalidad ha primado la protección de los derechos fundamentales, bien porque han sufrido una suspensión *de facto* que la Constitución impide, por no ser posible en un estado de alarma tal cosa, bien porque se afectaron más allá de lo tolerable, jurídicamente hablando, los derechos de los parlamentarios, bien porque la prórroga de seis meses del segundo estado de alarma implicaba la imposibilidad de que el control parlamentario se ejerciera *comme il faut* en Derecho.

Uno puede cuestionarse si la justicia lenta es justicia. Pero, para los márgenes temporales que suelen manejarse en la jurisdicción constitucional, el plazo para dictar tales sentencias no ha sido especialmente dilatado. Cuestión diferente sería plantearse si cuando rige el Derecho de excepción, el TC no debiera pronunciarse, planteado el recurso, en cuestión de días, como sucede por ejemplo con los amparos electorales, en aras de evitar los problemas jurídicos que puede acarrear un retraso inadecuado.

Efectivamente, en tanto esperamos que eso suceda, no es baladí insistir en que los ciudadanos sufrimos la suspensión de derechos, los parlamentarios no pudieron hacer su trabajo, y la prórroga de seis meses dejó inoperante y maltrecha a la Asamblea nacional. ¿Quién va a devolver el tiempo y la salud que perdimos por estar casi tres meses encerrados? ¿Quién se hará cargo de las adicciones surgidas o acrecentadas como respuesta o reacción a tal régimen disciplinario? ¿Y de la salud física y mental en general? ¿Y de los suicidios? ¿Y de los trabajos perdidos? ¿Y de la depauperización de las vidas y haciendas? Preguntas difíciles, escalofriantes, pero de todo punto necesarias, en la medida en que son el *leitmotiv* que demuestra la necesidad, hoy más que nunca, del mejor Derecho Constitucional, ese corazón que funciona con la sístole de la separación de poderes y la diástole de la garantía de los derechos individuales.

CAPÍTULO 3

LAS FUNCIONES CONSTITUCIONALES DEL GOBIERNO EN PANDEMIA

1. Planteamiento

Las funciones del Gobierno aparecen explicitadas en el art. 97 CE en los siguientes términos: «El Gobierno dirige la política interior y exterior, la Administración civil y militar y la defensa del Estado. Ejerce la función ejecutiva y la potestad reglamentaria de acuerdo con la Constitución y las leyes». Tales competencias están desarrolladas convenientemente en la legislación de desarrollo[54].

Conviene recordar que, según la STC 45/2019, de 27 de marzo, el Gobierno es un órgano colegiado de carácter deliberativo y, por ello y por mor del cumplimiento de las funciones que le asigna el ordenamiento constitucional, debe celebrar sus reuniones de forma presencial, independientemente de que en aras de proteger otros bienes y valores constitucionales pueda despachar, siempre excepcionalmente, asuntos de trámite o aspectos preparatorios de las mismas mediante herramientas virtuales o telemáticas. Esta jurisprudencia ha adquirido especial importante a la luz de los hechos acontecidos a raíz de la pandemia desatada por la COVID-19, cuya crudeza se manifestó a partir de marzo de 2020 con dureza inusitada y que condujo al Gobierno a declarar el estado de alarma más largo de nuestra Historia reciente[55].

---

54 Nos referimos a la Ley 50/1997, de 27 de noviembre, del Gobierno; la Ley 40/2015, de 1 de octubre, de Régimen Jurídico del Sector Público; La Ley 5/2005, de 17 de noviembre, de la Defensa Nacional; la Ley 36/2015, de 28 de septiembre, de Seguridad Nacional; la Ley 2/2014, de 25 de marzo, de la Acción y del Servicio Exterior del Estado; y la Ley 25/2014, de 27 de noviembre, de Tratados y Acuerdos Internacionales. También es importante la Ley Orgánica 4/1981, de 1 de junio, de los estados de alarma, excepción y sitio. *Vid.* Aragón Reyes, M; y Gómez Montoro, Á (coords): *El gobierno: problemas constitucionales*, CEPC, Madrid, 2005; el otro es el de García Fernández, J: *Estudios sobre el gobierno*, INAP, Madrid, 2007. También es de utilidad Alzaga Villaamil, Ó: *Comentario sistemático a la Constitución de 1978*, Marcial Pons, Madrid, 2016 (2.ª edición), p. 28 y ss.

55 Empiezan a publicarse estudios donde se reflexiona sobre tales cuestiones. Véase, a título de ejemplo, los diversos trabajos compilados en Tudela Aranda, J (coord.); *Estado auto-*

2. La función de dirección política

Eso que la doctrina italiana llama el *indirizzo político* quizá sea la función más emblemática y significativa de cuantas tiene encomendadas el Gobierno. La expansividad del Estado social ha conducido a que el Poder Ejecutivo ejerza funciones que van más allá de ser mero «ejecutor» de los mandatos legislativos y que se concretan en la dirección de la política interior y la dirección de la política exterior.

3. La dirección de la política interior

Consiste esta en dirigir el devenir cotidiano de la política nacional. Es una labor orientadora y de guía, con directrices concretas que sirvan para cumplir los fines pertinentes. Dicho con otras palabras, el programa con el que concurrió quien en su día fue investido presidente del Gobierno tendrá un peso importante en esta labor de establecer los objetivos a conseguir y los recursos materiales y humanos que se implementarán para conseguirlo. Todo ello, como no puede ser de otra manera, sometido a las normas jurídicas, exigencia derivada del Estado de Derecho: no hay ejercicio del poder sin control jurídico[56].

Así las cosas, el Gobierno elabora los planes y las directrices que dentro del marco jurídico implementará para llevar a cabo su programa gubernamental a cabo. Cuantos más servicios públicos deba prestar el Estado, más presencia tendrá la agenda gubernamental puesto que habrá que dedicar denodados esfuerzos materiales y humanos para llegar a satisfacer las demandas sociales. Cuanto más adelgace el Estado, menos servicios tendrá que prestar y, en consecuencia, menos recursos públicos detraerá de los bolsillos de los ciudadanos. Cuanto más se incida en el *Estado social* el Gobierno tendrá más presencia en aras de intentar proveer esa cobertura social, basada en los conocidos cuatro pilares del Estado del bienestar: educación, sanidad, seguridad social, y vivienda. Al contrario, cuanto más se propague la idea del *Estado liberal*, menos relevancia tendrá el Ejecutivo porque serán los individuos y sus derechos los principales protagonistas del sistema. Si sucede lo primero, las administraciones públicas tendrán una importancia creciente en las vidas ciudadanas y la burocracia ganará posi-

---

nómico y Covid-19. Un ensayo de valoración general, Fundación Manuel Giménez Abad, Zaragoza, 2021; y Biglino Campos, P; y Durán Alba, J (dirs); *Los efectos horizontales de la Covid-19 sobre el sistema constitucional. Estudios sobre la primera oleada*, Fundación Manuel Giménez Abad, Zaragoza, 2021.

56 *Vid.* De Lázaro Redruello, G; «Viejas y nuevas interpretaciones del artículo 99 de la Constitución», *Revista General de Derecho Constitucional*, n.° 28, 2018, p. 5 y ss; y «¿Parlamentarismo sin mayorías o parlamentarismo «sin Gobierno»?», *Revista de Estudios Políticos*, n.° 182, 2018, págs. 130 y ss.

ciones. Si sucede lo segundo, quizá se puedan crear estratos sociales que vivirían entre la pobreza y la miseria. Ninguno de los dos escenarios es halagüeño para cualquier democracia.

En cuanto a las competencias en relación con el Parlamento, el Gobierno tiene atribuida la iniciativa legislativa, denominándose *proyecto de ley* (a los del resto de sujetos legitimados se les denomina *proposiciones de ley*). Una vez activada, el Parlamento aprobará, si así lo estima y siguiendo los cauces parlamentarios, la Ley correspondiente. Además, tiene la facultad en monopolio de presentar el proyecto de ley de Presupuestos Generales del Estado. A quien encabeza el Ejecutivo, el presidente del Gobierno, le corresponde la facultad de disolver el Parlamento (previa deliberación en su Consejo de ministros). También a este corresponderá convocar los referéndums del art. 92 CE, previa autorización del Congreso de los Diputados y siempre que versen acerca «una cuestión de especial trascendencia política»[57].

El Gobierno también tiene ciertas competencias relacionadas directamente con el Poder Judicial, aunque es justo reconocer que la Constitución no le atribuye ninguna en absoluto respecto a lo que tiene que ver ni con el ejercicio de la función jurisdiccional ni con el gobierno, disciplina, ascenso o promoción de cualquiera de los jueces y tribunales que tienen que ver con el ejercicio de la función jurisdiccional. Esta se encuentra garantizada a nivel constitucional y ningún Poder —ni ningún particular— puede interferir en su desempeño. Respecto a lo segundo son materias todas ellas que quedan atribuidas al régimen jurídico establecido en la Ley Orgánica del Poder Judicial y al Consejo General del Poder Judicial. Además, corresponde al Gobierno proponer al candidato a fiscal general del Estado y a dos Magistrados del Tribunal Constitucional, nombrados formalmente por el Rey.

Ni que decir tiene que el Gobierno tiene mucho que decir si existe una situación anormal desde el punto de vista constitucional y debe declararse —es decir, entiende que hay motivos suficientes para tomar la decisión— uno de los estados excepcionales regulados en el art. 116 CE: el estado de alarma, el estado de excepción y el estado de sitio. Cada uno de ellos tiene un régimen jurídico diferente y se caracteriza por una máxima: a mayor gravedad de la situación, más control del Gobierno por parte del Parlamento, en concreto por el Congreso. No obstante, la regulación de la Ley Orgánica 4/1981, especialmente en lo que hace al estado de alarma, quizá haya de ser sometida a una profunda revisión, a la luz de lo acontecido en las sucesivas declaraciones del estado de alarma para luchar contra la COVID-19, a partir de marzo de 2020. No es ocioso recordar que algunas de las decisiones más

57 Hace unas reflexiones interesantes sobre la relativa importancia que ha tenido el referéndum en nuestro sistema López Guerra, L: «Sobre las disfunciones de la democracia representativa: algunas propuestas», *Cuestiones Constitucionales*, n.° 1, 2020, p. 33 y ss.

sensibles que el Gobierno tomó en dicho marco, tales como el confinamiento o la falta de control parlamentario por poner dos ejemplos, fueron declaradas inconstitucionales mediante las SSTC 183/2021, 168/2021, 148/2021, y 110/2021[58].

No podemos dejar de hacer alusión a ciertas competencias que tiene el Gobierno en relación con el Estado de las Autonomías. Por un lado, el Gobierno puede impugnar ante el Tribunal Constitucional las leyes y disposiciones aprobadas por las Comunidades Autónomas. En el caso de que lo haga, la ley o disposición queda suspendida según dicta el art. 161.2 CE. Por otro lado, en casos extraordinarios podría el Gobierno activar el mecanismo contemplado en el art. 155 CE: en el caso de una Comunidad Autónoma incumpliese gravemente sus obligaciones constitucionales y previa aprobación por mayoría absoluta del Senado, el Gobierno queda facultado para tomar las decisiones pertinentes para restablecer la legalidad constitucional. Es sabido que sólo se ha hecho uso de esta facultad una vez, en el año 2017, como respuesta al desafío originado por la declaración unilateral de independencia de Cataluña.

La medida fue activada por el Gobierno de la Nación con una decisión que no parece imprudente: se destituyó de sus cargos a los miembros de la Generalitat, se disolvió el Parlamento catalán y se convocaron automáticamente elecciones autonómicas, para volver a elegir instituciones de gobierno. La medida, no obstante, fue impugnada ante el TC, quien en sus SSTC 89/2019 y 90/2019, de 2 de julio, declaró tales medidas conforme a la Constitución[59].

Por último, la dirección de la política interior puede también manifestarse por mecanismos más o menos extraordinarios, pero en cualquier caso previstos en nuestra Constitución. Pensemos, por ejemplo, en la decisión del presidente del Gobierno de someterse a una cuestión de confianza ante el Congreso de los Diputados que podría no ganar y, en consecuencia, le obliga a presentar al Rey su dimisión irremisible. O la decisión del propio presidente de someter una decisión de «especial trascendencia» a referéndum, siempre que obtenga la previa autorización del Congreso de los Diputados. O, en caso de que así lo estime y después de deliberar con su Consejo de ministros, activar la disolución anticipada de las Cortes Generales, lo cual implica obligatoriamente la consiguiente celebración de elecciones generales.

58 No son pocas las obras que vienen incidiendo en tal. A título de ejemplo valgan varias de las compiladas en Rodríguez Ayuso, J.F; y Atienza Macías, E (coords.): *Retos jurídicos ante la crisis del COVID-19*, Wolters Kluwer, Las Rozas (Madrid), 2020; y en Canosa Usera, R; y Arnaldo Alcubilla, E (dirs): *El Derecho Constitucional ante el COVID-19. Las diferentes respuestas en el ámbito comparado*, Wolters Kluwer, Las Rozas (Madrid), 2020.

59 Véase Nieto Jiménez, J.C: «Gobierno, Senado y Tribunal Constitucional ante la coerción estatal». *El procedimiento del artículo 155 de la Constitución Española*, CEPC, Madrid, 2020.

A. La dirección de la política exterior

La creciente globalización implica que la vertiente internacional debe ser cuidada y auspiciada por políticas públicas al máximo nivel. Las relaciones internacionales han sufrido cambios estructurales en las últimas décadas, especialmente derivadas de la integración de nuestro país en las principales organizaciones internacionales y regionales. Ello tiene un impacto indiscutible a nivel jurídico-político, económico y, sin duda alguna, social. El Gobierno es el competente para dirigir y orientar la política internacional, la forma de ser y estar de España como país en el vasto mundo, y en ese sentido orientará a nuestro servicio diplomático, integrado por profesionales de primer orden integrados en el cuerpo diplomático, aunque también se dejará orientar por este, precisamente por su carácter altamente cualificado.

Habría que hacer algunas precisiones, no obstante. Según el art. 56.1 CE, es el Jefe del Estado, nuestro Rey, quien ostenta la más alta representación internacional de España y así la ejerce con exquisita neutralidad y vis institucional, como no puede ser de otra manera. El Gobierno tiene reservada la función directiva cotidiana, si se acepta el término. Por ejemplo, la política a seguir en las organizaciones internacionales de las que formamos parte. Por ejemplo, las líneas estratégicas a seguir desde el punto de vista global. Aunque en los últimos tiempos parece que esta faceta ha perdido importancia, no hay ninguna duda de que siempre ha sido un eje importante. En las primeras décadas que siguieron a la Transición, la política exterior era un asunto de Estado, que el Gobierno pactaba con la oposición y con la que no se hacía política de regate corto. Se entendía que los intereses de nuestro país exigían acuerdos y consensos básicos no sometidos a la lucha política cotidiana. Así fue cómo España se integró de nuevo en la sociedad internacional. Los cimientos los puso el Gobierno Suárez. El eje europeo y el eje atlántico se consolidaron por el Gobierno González, que posteriormente viró bajo el Gobierno Aznar hacia el segundo y, después, hacia el primero bajo el mandato del Gobierno Zapatero. El Gobierno Rajoy no implementó especiales cambios, como tampoco parece haber hecho el Gobierno Sánchez (más allá de ciertos episodios no especialmente edificantes).

El Gobierno, en suma, impulsa acuerdos con otros países, negocia y suscribe tratados internacionales, dictando las directrices oportunas en el marco de la legislación exterior referida. Huelga decir, aunque nunca es ocioso recordar, que el Gobierno debe mantener un escrupuloso respeto por los dictados de la Constitución a la hora de implementar su política exterior, amén de dar cumplida cuenta de los compromisos internacionales que ha suscrito el Reino de España en la esfera internacional, como las que derivan, por poner ejemplos claros, de los derivados de la Unión Europea y del Consejo de Europa, señaladamente las sentencias del Tribunal de Justicia de la Unión Europea y del Tribunal Europeo de Derechos Humanos, respectivamente[60].

Tampoco estaría de más que, cuando el contexto es de emergencia, extrememos las precauciones y acudir a cualesquiera fuentes internacionales que despliegan eficacia en el seno de nuestro ordenamiento constitucional. Nos referimos a aquellos órganos que gracias al soft-law que producen pueden servir de guía a las políticas públicas internas, especialmente cuando estas deben implementarse en un marco caracterizado por la incertidumbre. La democracia no puede permitirse parar y las elecciones deben celebrarse, de ahí que se hable de un derecho electoral de excepción cuyos contornos ha fijado en tiempos pandémicos la Comisión de Venecia[61].

Finalmente, hay que hacer una breve alusión a la participación de las Comunidades Autónomas en esta materia. Como establece la Constitución en el art. 149 las relaciones internacionales son competencia del Estado. No obstante, el Tribunal Constitucional estableció en su STC 165/1994, de 26 de mayo, estableció que no toda actuación exterior de las CCAA era inconstitucional de plano. El Tribunal Constitucional estableció dos grandes límites: las CCAA no pueden suscribir tratados internacionales (no gozan de *ius contrahendi*) y no pueden establecer delegaciones diplomáticas y consulares (no gozan de *ius legationis*). Ambas competencias las ostenta en exclusiva el Estado central. El propio Tribunal Constitucional ha ratificado y consolidado esa línea en el marco del *pulso* abierto por la Comunidad Autónoma de Cataluña hace algunos años, en las SSTC 65/2020, de 18 de junio, y 135/2020, de 23 de septiembre.

La principal tarea exterior que lleva a cabo el Gobierno es la negociación y ratificación de los Tratados Internacionales, principal norma jurídica del Derecho Internacional Público que se suscribe entre Estados soberanos para comprometerse a algunas líneas comunes. Tal y como ya destacamos en el primer volumen de este Manual, en función del tipo de tratado del que hablemos, deviene una participación mayor del Parlamento. La regla general que establece nuestra Constitución en los arts. 93 y siguientes, responde a un

60 Véase Matia Portilla, F.J; «Tribunales constitucionales y derechos fundamentales en Europa». En Ripoll Carulla, S; y Ugartemendía Eceizabarrena, J.I (dirs); *La Carta de Derechos Fundamentales de la Unión Europea, veinte años después,* Marcial Pons, Madrid, 2022, pp. 177-198. Véase también López Guerra, L.M: *El Convenio Europeo de Derechos Humanos. Según la jurisprudencia del Tribunal de Estrasburgo*, Tirant lo blanch, Valencia, 2021; y Pinto de Albuquerque, P; y Preciado Doménech, C.H: *Hablemos de derechos humanos: la doctrina del TEDH y su aplicación en España desde los votos particulares del Juez Paulo Pinto de Albuquerque*, Tirant lo Blanch, Valencia, 2020.

61 *Vid.* Iglesias Bárez, M; «Los estándares del consejo de Europa y de la comisión de Venecia para declarar el estado de emergencia por la COVID-19. Un estudio especial de la celebración de elecciones en el consejo de Europa en tiempos de pandemia». En Figueruelo Burrieza, Á (dir); y Martín Guardado, S (coord.); *Nuevas tendencias en materia de derechos y libertades*, Aranzadi, Cizur Menor, 2022, p. 203 y ss.

principio coherente con la democracia parlamentaria: a mayor importancia de la competencia que se va a regular por el tratado internacional, mayor participación del Parlamento y tanto menor del Gobierno. Si, por ejemplo, el Gobierno cede algunas competencias básicas para el país —por ejemplo, asumir el euro como nueva moneda— la participación es tal que se exige la autorización previa parlamentaria antes de que el Gobierno pueda acometer el establecimiento de la obligación del Estado[62].

B. La función de dirección de la administración civil y militar. La defensa del Estado

El Gobierno tiene atribuido por la Constitución la dirección de la administración civil y militar del Estado. Dicha atribución se debe dividir en dos apartados diferentes puesto que, aunque no hay duda de que estrechamente conectados, no tienen las mismas implicaciones ni consecuencias, como tampoco exige las mismas herramientas.

4. La dirección de la Administración civil

El Gobierno dirige la Administración Pública, situándose a la cabeza de lo que los británicos llaman *Civil Service*, y que implica la dirección ordinaria de un aparato burocrático, funcionarial y laboral, pensado para ejecutar las diferentes políticas públicas implementadas desde el Gobierno. No obstante, la Constitución también distingue entre el Gobierno, que dirige los negociados correspondientes (art. 97 CE), y la Administración Pública, el aparato administrativo propiamente dicho que sirve a los intereses generales —un concepto jurídico bastante indeterminado, dicho sea de paso— y actúa conforme a los principios de eficacia, jerarquía, descentralización, desconcentración y coordinación, sometiéndose plenamente a la Ley y a la Constitución (art. 103 CE).

A pesar de los debates doctrinales que se han sucedido tradicionalmente, no parece que hoy en día suscite especiales polémicas el hecho de considerar al Gobierno es parte integrante de la Administración Pública, aunque sea también el órgano constitucional cualificado que la dirige. Cada uno de los ministros son la cabeza visible y jerárquicamente superior de su propio Departamento. Por encima de ello, se sitúa el presidente del Gobierno. Igualmente debe anotarse que la Administración no ejerce tareas gubernamentales, no tiene capacidad de implementar políticas públicas per se. El juego, si se permite así, sería el siguiente: el Gobierno toma decisiones y marca una

62 Véase con detalle Matia Portilla, F.J: *Los tratados internacionales y el principio democrático*, Marcial Pons, Madrid, 2018, p. 98 y ss.

agenda mientras que las administraciones públicas despliegan los recursos materiales y humanos para dar cumplimiento a los mismos.

En ese sentido, debemos aludir a dos tipos de actos del Gobierno. Los actos que realice el Ejecutivo como cabeza de la Administración son actos administrativos, y por ello debe respetar los principios señalados arriba. Responde de los mismos ante la jurisdicción contencioso-administrativa[63]. Los actos políticos son aquellos actos que realiza el Gobierno como órgano constitucional y podrían ser controlables, únicamente, ante el Tribunal Constitucional. Así sucedió, por ejemplo, cuando el Gobierno del momento, estando en funciones, estaba llamado a comparecer en el Parlamento para que su ministro de Defensa rindiese cuentas sobre ciertos acuerdos en la materia donde había participado. El ministro se negó y el Gobierno alegó que estando en funciones no procedía el control parlamentario. El Tribunal Constitucional tumbó esta tesis en la STC 124/2018, de 14 de noviembre[64]. Sentadas las cuestiones anteriores, y haciendo hincapié en el segundo tipo de actos, podemos diferenciar dos grandes funciones dentro de la dirección de la política interior, la que se ejerce en relación con el Parlamento y la que se ejerce con relación al Poder Judicial.

En cuanto a la primera, es el propio Presidente del Gobierno el facultado para disolver anticipadamente las Cortes, así como de plantear la cuestión de confianza. El Gobierno como tal ostenta la iniciativa legislativa. Respecto al proyecto de ley de presupuestos generales ostenta el monopolio de la iniciativa y sólo puede ser el Gobierno quien proponga dónde gastar y cómo ingresar recursos públicos, lo cual tiene pleno sentido en la medida en que será dicho Gobierno, una vez aprobada la Ley de Presupuestos, será quien gestione y canalice tales recursos destinándolos a las diferentes políticas públicas que tenga a bien. De hecho, es en materia económica y social donde suele concentrarse la principal función directiva del Gobierno, lo cual se ha visto especialmente bien en el marco del debate sobre las ayudas de la Unión Europea a los países en forma de «fondos COVID».

Se suele argüir que el poder que mejor información tiene y que mejor consigue procesar los avatares técnicos de la economía, amén de su capacidad para tomar decisiones rápidas y con cierta complejidad y flexibilidad, es el Ejecutivo. Lo cual se vuelve especialmente palmario cuando se observa qué órgano suele liderar el combate —o al menos, intentar capear el temporal— cuando sobrevienen las crisis económicas, tal y como demuestra la crisis de

63 Es muy provechosa la lectura de la monografía escrita por BOUAZZA ARIÑO, O: *La casación en el contencioso-administrativo*, Civitas-Thomson Reuters, Cizur Menor, 2020.

64 *Vid.* SARRIÓN ESTEVE, J: *El Tribunal de Justicia de Luxemburgo como garante de los derechos fundamentales*, Dykinson, Madrid, 2015; y Alonso García, N: *Retos jurídico-políticos de las funciones parlamentarias y los novedosos instrumentos de participación en la democracia del siglo XXI*, Dykinson, Madrid, 2019.

2008 que desembocó en la reforma constitucional de 2011 y la consiguiente legislación de 2012, dotando al Gobierno de facultades tan importantes como la emisión de deuda pública, la posibilidad de suscribir crédito y velar por el cumplimiento el principio de estabilidad presupuestaria. Esto último ha sido objeto de recordatorio por parte de nuestro Tribunal Constitucional de forma sistemática desde 2013, cuyas últimas expresiones podemos encontrar en la STC 82/2020, de 15 de julio y en la STC 78/2020, de 1 de julio, que aplican las líneas sentadas fundamentalmente en la STC 41/2016, de 3 de marzo.

Respecto a las funciones que tienen que ver con la función directiva en el marco del Poder Judicial hay que ser especialmente cautelosos dado que el Ejecutivo no puede entrar en el ámbito reservado por la Constitución a los jueces: estos y sólo estos ejercen en independencia e imparcialidad la función jurisdiccional. No puede ser, dicho con otras palabras, controlar al Poder Judicial ni a quienes lo ejercen. En el siguiente tema veremos que nuestra Constitución reserva el gobierno de los jueces a un órgano en principio especializado y técnico, el Consejo General del Poder Judicial. Entonces, ¿qué *dirección* ejerce el Gobierno? En primer lugar, destina partidas presupuestarias para satisfacer las necesidades personales y económicas de la Administración de Justicia (algo que explicaremos posteriormente y a lo que se suele conocer con el término de la «administración de la Administración de Justicia»). El Gobierno, además, nombra al fiscal general del Estado. Además, el Gobierno elige a dos Magistrados del Tribunal Constitucional, en una atribución bastante rara a juzgar por el Derecho Comparado circundante, donde no se estila atribuir esta competencia al Ejecutivo nacional de turno.

Podemos hacer alguna alusión también al Gobierno y a su relación con las CCAA, especialmente gracias a los mecanismos de cooperación que pueden impulsar, de consuno, ambas partes en el marco de las Conferencias Sectoriales y, también, en el encuentro que supone la Conferencia de presidentes, donde se reúne el Presidente del Gobierno y los Presidentes de los ejecutivos autonómicos. También sabemos que es el Gobierno quien propone activar los mecanismos del marco del art. 155 CE al Senado, si observa que existe la necesidad de reconducir la actuación de una Comunidad Autónoma *díscola*. Pero el Gobierno propone y el Senado, por mayoría absoluta, dispone.

A. La dirección de la Administración militar

El Ejército es una administración pública, aunque a nadie escapa que es una administración pública especial y con una relevancia diferente al resto de administraciones. La administración militar, que emplearemos aquí sinónimo, está compuesta por todo un entramado de las diferentes escalas y empleos que culminan en diferentes órganos colegiados y unipersonales, entre los cuales destacan la JUJEM (Junta de jefes de Estado Mayor) y el JEMAD (Jefe de Estado Mayor de la Defensa), a cuya cabeza última se sitúa el Capitán General de los tres Ejércitos, S.M. El Rey de España (art. 62 CE).

Huelga decir que una Constitución democrática que se precie como la nuestra configura al Ejército como carente de cualquier tipo de poder político. El órgano constitucional elegido para dirigir de ordinario esta administración, con misiones constitucionales de primer orden, es el Gobierno. La Constitución quiso establecer en el art. 8 CE que nuestras Fuerzas Armadas cumplieran esas importantes misiones con sujeción plena al propio orden constitucional que deben defender, en todo caso bajo el mando y dirección gubernamental[65]. No son, pues, decisiones que queden sustraídas ni al poder civil del Parlamento cuando legisla sobre la materia ni al poder civil del Gobierno cuando establece las directrices que deben cumplir.

El principal marco legislativo que desarrolla los preceptos constitucionales referidos (recordemos que el art. 149 CE establece como competencia exclusiva del Estado la *Defensa* y las *Fuerzas Armadas*). Por un lado, debemos aludir a la Ley 5/2005, de 17 de noviembre, de Defensa Nacional, y a la Ley 36/2015, de 28 de septiembre, de Seguridad Nacional. Además, cabe resaltar la importancia de la normativa adaptada a los tiempos que corren de la Ley Orgánica Ley Orgánica 9/2011, de 27 de julio, de derechos y deberes de los miembros de las Fuerzas Armadas; y la Ley Orgánica 8/2014, de 4 de diciembre, de Régimen Disciplinario de las Fuerzas Armadas. En dicho paquete legislativo encontramos el marco normativo de referencia en el que el Gobierno debe operar[66].

En efecto, será el Gobierno, a través de órganos colegiados tales como el Consejo de Seguridad Nacional, el que establezca las principales líneas directrices que deben seguir las Fuerzas Armadas en sus quehaceres diarios. Esto se concreta en la Estrategia de Seguridad Nacional y en la Estrategia de Ciberseguridad Nacional. Signo de los tiempos que nos ha tocado vivir, en el año 2013 se creó el Mando Conjunto de Ciberdefensa, rebautizado en 2020 como Mando Conjunto del Ciberespacio, órgano responsable de asegurar la libertad de acción de nuestras Fuerzas Armadas en el ciberespacio.

B. La defensa del Estado

Tal y como pudimos decir en otro momento, podemos entender por esta función todas las exigencias excepcionales que surgen en la vida del Estado, desde un terremoto o una inundación hasta una situación de invasión por

---

65 El artículo 8 CE establece que: «1. Las Fuerzas Armadas, constituidas por el Ejército de Tierra, la Armada y el Ejército del Aire, tienen como misión garantizar la soberanía e independencia de España, defender su integridad territorial y el ordenamiento constitucional. 2. Una ley orgánica regulará las bases de la organización militar conforme a los principios de la presente Constitución. Son clásicas las monografías de Cotino Hueso, L: *El modelo constitucional de Fuerzas Armadas*, CEPC, Madrid, 2002; y López Ramón, F: *La caracterización jurídica de las Fuerzas Armadas*, CEPC, Madrid, 1987.

66 Un estudio de detalle puede verse en Martínez Atienza, G: *La defensa nacional y su protección penal*, Experiencia, Madrid, 2020.

parte de un ejército extranjero[67]. Las grandes decisiones que se tomen respecto a las líneas a seguir quedan fuera del control en vía contencioso-administrativa. Lo cual no es óbice para que cuando adopten la forma normativa correspondiente no puedan ser controlados por dicha jurisdicción. En otras ocasiones, el control será un control de constitucionalidad. Pondremos algunos ejemplos más o menos recientes de lo que puede implicar, desde diferentes puntos de vista, «defender al Estado» por parte del Gobierno.

En primer término, en condiciones de normalidad ordinaria, velar por que las personas podamos desarrollar nuestros proyectos en libertad se encuentra garantizado por las Fuerzas y Cuerpos de Seguridad del Estado, bajo la dirección del Gobierno, conforme dicta el art. 124 CE. Si se dieran condiciones extraordinarias, sería el propio Gobierno el que decidiera, siempre atendiendo al marco constitucional y legal, cómo responder a una amenaza de tal calibre. Los ejemplos son tres.

En primer lugar, debemos traer el caso del terremoto que asoló la región murciana de Lorca en 2011, ante la cual el Gobierno dicto determinadas disposiciones normativas con carácter urgente para poder paliar los daños ocasionados y conseguir salvar a personas y bienes, así como conseguir canalizar las ayudas económicas perentorias para hacer frente a la situación (Real Decreto-ley 11/2012, de 30 de marzo, de medidas para agilizar el pago de las ayudas a los damnificados por el terremoto, reconstruir los inmuebles demolidos e impulsar la actividad económica de Lorca).

En segundo lugar, cuando se produjo la declaración unilateral de independencia de Cataluña por parte del Gobierno de la Generalitat, como ya sabemos el Gobierno propuso adoptar una batería de medidas que fueron aprobadas por mayoría absoluta por el Senado, en aplicación de los dictados del art. 155 CE, en aras de intervenir la Autonomía, destituir a los cargos públicos representativos, y convocar elecciones para que el electorado catalán eligiese de nuevo cuerpo legislativo. La decisión fue impugnada ante la jurisdicción constitucional pero las SSTC 89/2019, y 90/2019 convalidaron tales decisiones.

En tercer lugar, la declaración de alguno de los estados excepcionales contemplados en el art. 116 CE y regulados (con mayor o menor fortuna) en la Ley Orgánica 4/1981[68]. En España se han declarado, desde la Constitución de 1978, varios estados de alarma. El primero de ellos tuvo lugar al hilo de la huelga de controladores aéreos en 2011, decisión que fue impugnada en amparo ante el TC y que este, en el ATC 7/2012, de 13 de enero, inadmitió. Sí admitió el decidido por la STC 83/2016, de 28 de abril, para desestimarlo,

---

67 *Vid.* Alzaga Villaamil, Ó: *Comentario sistemático a la Constitución de 1978*, Marcial Pons, Madrid, 2016 (2.ª edición), p. 473.

68 Garrido López, C.: *Decisiones excepcionales y garantía jurisdiccional de la Constitución*, Marcial Pons, Madrid, 2021.

por entender que la declaración del estado de alarma no lesionaba derechos fundamentales. A raíz de la pandemia desatada por la COVID-19, el Gobierno decidió declarar el estado de alarma hasta en tres ocasiones: en marzo de 2020 y en octubre de 2020, primero para varios municipios de la Comunidad Autónoma de Madrid, y luego, de nuevo para todo el territorio nacional, situación esta última cuya prórroga parlamentaria fijado el 9 de mayo de 2021 como su fin. Son varias las resoluciones que se han dictado por el Gobierno en el marco de la lucha contra la pandemia, algunas de ellas discutibles en cuanto a la restricción quizá excesiva de los derechos fundamentales que ocasionó la intervención de diferentes Tribunales Superiores de Justicia e, incluso, del Tribunal Constitucional, cuyas resoluciones ya hemos comentado. Baste referir que este también hubo de enfrentar asuntos que no tenían que ver directamente con la pandemia, como la STC 16/2021, de 28 de enero, donde declara inconstitucionales varios preceptos de la regulación catalana de urgencia dictada sobre el acceso a la vivienda[69].

5. La función ejecutiva: la potestad reglamentaria

Todo Estado constitucional democrático establece reglas en cuanto a la producción normativa. Por ello haremos en primer lugar un repaso a las fuentes del Derecho, al objeto de poder situar y encajar conceptualmente la principal norma que puede dictar el Gobierno en ejercicio de su potestad reglamentaria. En segundo término, expondremos el Reglamento en cuanto norma típica y diferenciada con un régimen jurídico-constitucional propio que exige su tratamiento separado y minucioso.

A. El Reglamento en el marco de las fuentes del Derecho

En nuestro sistema constitucional existen tres grandes fuentes del Derecho (dejando de lado ahora las cuestiones relativas a los tratados internacionales, que nos ocuparon algunas líneas en el primer volumen de este Manual): la Constitución, que establece las principales reglas de producción del resto de normas. La Ley, norma típica emanada por el Parlamento. Y el Reglamento, norma típica del Gobierno. El esquema clásico, donde primaba la importancia de la Ley por encima de todas las cosas, implicaba que el Reglamento se *limitaba* a ejecutar las previsiones de la Ley. La realidad es que el desarrollo de las sociedades complejas de nuestro tiempo suele observar cómo

69 Los primeros recursos de amparo que ocasionaron tales estados de alarma fueron inadmitidos a trámite por el TC mediante los AATC 94/2020, de 10 de septiembre; 88/2020, de 22 de julio; 70/2020, de 14 de julio; 61/2020, de 17 de junio; 60/2020, de 17 de junio; 59/2020, de 17 de junio; 58/2020, de 17 de junio; 57/2020, de y 40/2020, de 30 de abril.

el Reglamento se ha impuesto como la norma más dictada por parte del Gobierno, superando con mucho el número de leyes en vigor. Se calcula que más del 95 % de normas en vigor en España son Reglamentos[70].

B. El Reglamento como norma típica emanada del Gobierno

La Constitución no dedica especial atención a la regulación de la potestad reglamentaria del Gobierno. Lo más relevante de los dictados constitucionales es un matiz doble e importante: el Gobierno ejerce dicha potestad en base a lo que diga la Constitución y la Ley. La Ley 50/1997, de 27 de noviembre, del Gobierno, desarrolla con cierta profundidad el régimen de la potestad reglamentaria. Lo hace para reconocer la misma al presidente del Gobierno, al Consejo de ministros, a los ministros, y a otras autoridades e instituciones inferiores. La potestad para dictar Reglamentos generales corresponde solo al Gobierno dado que los ministros gozan de la misma pero única y exclusivamente en el ámbito de sus Departamentos. Lo cual a su vez es bastante parecido a lo que sucede en los diferentes ordenamientos autonómicos, donde los Estatutos de Autonomía reconocen, normalmente de forma directa, tal potestad al Gobierno autonómico de turno. Obviamente, hay determinados órganos constitucionales que tienen potestad reglamentaria propia, que normalmente se refiere a la regulación de la vida interna del órgano en cuestión (por ejemplo, y sin ánimo de exhaustividad, los Parlamentos, el Tribunal Constitucional y el Consejo General del Poder Judicial, entre otros).

Conviene tener presente que el régimen de los Reglamentos del Gobierno también queda regulado en la Ley 39/2015 (art. 128), donde se establece el procedimiento para elaborarlos. ¿Qué notas podemos destacar de dicha regulación? En primer lugar, hay una fase inicial de estudio preliminar y consulta pública. En segundo lugar, la fase de desarrollo propiamente dicha, donde el Gobierno expone su texto y los informes de impacto correspondientes. En tercer lugar, la fase de elaboración propiamente dicha, donde se pone de nuevo el texto a disposición de la consulta pública, y se apareja de los diferentes informes requeridos. En cuarto lugar, el Consejo de ministros lo aprueba y lo envía para su publicación en el BOE. No puede desdeñarse la importancia de que estas normas respondan a necesidades reales integradas en el marco del Plan Anual Normativo. No es infrecuente, lamentablemente, que algunos devengan superfluos o redundantes, aunque existen argumentos y herramientas normativas para lo contrario.

---

70 *Vid.* Bilbao Ubillos, J.M.; Rey Martínez, F.; y Vidal Zapatero, J.M.: *Lecciones de Derecho Constitucional I*, Aranzadi, Cizur Menor, 2018 (4.ª edición), p. 436; otros sectores hablan de entre el 95 % y el 99 %. *Vid.* Cotino Hueso, L: «Los Reglamentos en España: la fuente del Derecho más común y quizá la más desconocida», *IUSTA*, n.º 26, 2007, p. 177.

6. El control de los actos del Gobierno

Uno de los asuntos más discutidos tradicionalmente por la doctrina es cómo se controlan jurídicamente las decisiones adoptadas por el Gobierno (en el bien entendido de que la cláusula del Estado de Derecho del art. 9.3 CE y el principio de legalidad por el que se rige la Administración *ex* art. 103 CE obligan a *algún* tipo de control, amén del sometimiento de todo poder público al Derecho, según dicta el art. 9.1 CE).

En ese sentido podríamos distinguir dos tipos de control. Un control jurídico, donde los tribunales (la jurisdicción contencioso-administrativa y/o el Tribunal Constitucional, en su caso) conocerían en toda su extensión de las diferentes actuaciones gubernamentales. Y un control político, donde el Gobierno debe responder frente el Parlamento por la gestión que realice en el ejercicio de sus funciones y competencias[71].

A. Control jurídico

Respecto al control jurídico debemos comenzar por aludir al contenido del art. 106 CE: «1. Los Tribunales controlan la potestad reglamentaria y la legalidad de la actuación administrativa, así como el sometimiento de ésta a los fines que la justifican». Queda claro, pues, que con carácter general la actuación que lleve a cabo el Gobierno en forma de Reglamentos y también las que actúe mediante la Administración quedan plenamente sometidas al control judicial pertinente. Una cosa es que exista cierta apreciación discrecional de objetivos políticos y otra bien diferente es dejar desamparado al justiciable, al ciudadano común, sin poder recurrir ante los tribunales una decisión muy cuestionable desde el punto de vista jurídico (como puede serlo una expropiación forzosa, la imposición de una multa de cierta cuantía, por poner dos ejemplos).

Respecto de los Reglamentos, es pacífico en la doctrina que se someten al control jurisdiccional pertinente. En el caso del Gobierno de la Nación, los Reglamentos serán enjuiciados por la Sala 3.ª del Tribunal Supremo. Para cualquier otro tipo de actividad administrativa gubernamental conviene recordar el art. 24 de la LOPJ, que establece, una vez agotada la vía administrativa, la jurisdicción contencioso-administrativa será la que conozca de sus actuaciones a través del correspondiente recurso contencioso-administrativo.

B. Control político

El Gobierno se somete al control político del Parlamento. Repárese que el Gobierno no se elige directamente por los ciudadanos sino por el Parlamento, en concreto por el Congreso de los Diputados, cuanto otorga la confianza a

71 *Vid.* López Guerra, L.M.: *La Constitución de España*, Tirant lo Blanch, Valencia, 2019, p. 106 y ss.

un candidato a presidente del Gobierno, el cual, una vez recibida la misma, elige a sus ministros. Por ello, se podría aplicar el viejo aforismo que reza *Dios me lo dio, Dios me lo quitó*: es el Parlamento quien elige a la cabeza visible del Gobierno y es dicha cabeza, y los miembros de este, quienes deben acudir al Parlamento para rendir cuentas de su gestión.

Por un lado, existe el control ordinario: preguntas escritas, preguntas orales, e interpelaciones. También es un mecanismo de control —menos en la práctica que en la teoría— las Comisiones de Investigación parlamentarias (véase en ese sentido la STC 111/2019, de 2 de octubre, donde nuestro Juez de la Constitución recuerda que la inviolabilidad regia implica que no pueda crearse una comisión de este tenor para indagar sobre supuestas irregularidades fiscales del Jefe del Estado)[72]. Estas herramientas se desarrollan en sede parlamentaria conforme dicta el Reglamento del Congreso de los Diputados y el Reglamento del Senado y se sustancian, como es bien sabido y con carácter general, en el marco de sesiones parlamentarias públicas, donde se da cuenta de lo que se le pide al Gobierno y la respuesta que ofrece este. No es infrecuente que el llamado *cuarto poder* —los medios de comunicación— fiscalice la actuación de unos y otros, aunque el periodismo moderno se ha convertido en buena medida en un *periodismo de trinchera* donde resulta harto complicado que el ciudadano común pueda informarse adecuadamente con cierta objetividad, al menos con cierta honestidad, de los asuntos y sí obtenga un adoctrinamiento nada velado de lo que aconteció en el Hemiciclo.

Por otro lado, existe el control extraordinario. Estas son la moción de censura y la cuestión de confianza. En cuanto a la moción de censura, tal y como ha dicho el profesor Santaoalla, puede tener un carácter bifronte, dado que por un lado controla la acción del Presidente del Ejecutivo pero, caso de que triunfe, sirve para remover al Gobierno por completo por pérdida de la confianza en quien lo presidió hasta dicha retirada, depositando su confianza en uno nuevo[73]. Sea como fuere, y dicho de forma resumida, el Gobierno en su conjunto cesa porque cesaría el Presidente en el caso de triunfo de una moción de censura (la única que ha prosperado en nuestra Historia constitucional reciente fue la de D. Pedro Sánchez, sobre el saliente Presidente D. Mariano Rajoy, en 2018), o en el caso de que la Cámara Baja le retire la confianza al propio Presidente y pierda la cuestión de confianza (hasta ahora se han planteado dos y en ambos casos el Congreso renovó la confianza solicitada por el Presidente Suárez y el Presidente González, respectivamente)[74].

---

72 *Vid.* Pascua Mateo, F: «Nuevos (y necesarios) límites a las comisiones de investigación, competencias autonómicas y la inviolabilidad del Rey: Comentario a la Sentencia del Tribunal Constitucional 111/2019, de 2 de octubre», *Revista de las Cortes Generales*, n.º 108, 2020, págs. 429-441.

73 *Vid.* Santaolalla López, F: *Derecho parlamentario español*, Dykinson, Madrid, 2019 (2.ª edición), p. 270 y ss.

74 *Vid.* González Hernández, E (dir): *La nueva "cultura de la responsabilidad"*, Comares, Granada, 2019.

7. El rol del Consejo de Estado y del Tribunal de Cuentas

Nuestro ordenamiento dispone de algunas instituciones adicionales que cumplen un papel fundamental en cuanto a ejercer cierto control externo[75]. Además del Defensor del Pueblo, encargado de «supervisar la actividad de la Administración», en palabras del art. 54 CE[76], destacaremos dos órganos. Uno es el Consejo de Estado, órgano consultivo por excelencia compuesto por juristas de prestigio que asesoran al Ejecutivo[77]. Y el otro es el Tribunal de Cuentas, encargado de fiscalizar la actividad económica y financiera de la Administración y de enjuiciar la eventual responsabilidad contable de quienes administran el peculio público[78].

A. El Consejo de Estado

El Consejo de Estado es el órgano supremo consultivo del Gobierno, según el art. 107 CE. Su regulación detallada se realiza en la Ley Orgánica 3/1980, de 22 de abril. Nuestro Consejo de Estado, inspirado en el influyente Consejo de Estado francés, ejerce las funciones que tales normas le atribuyen con autonomía orgánica y funcional siguiendo criterios de independencia y objetividad.

El principal cometido que lleva a cabo el Consejo de Estado es velar porque las actuaciones del Gobierno de las que debe conocer se ajusten a la Constitución y al resto del ordenamiento jurídico. La normativa regula cuándo es obligado solicitar dictamen del Consejo (preceptivo, el Gobierno no puede no pedirlo), cuando es potestativo (facultativo, el Gobierno puede pedirlo, pero no está obligado legalmente hablando) y cuando los dictámenes e informes son de la mayor importancia, siendo como son todos ellos de importancia indudable (informes preceptivos y vinculantes: es obligado pedirlo y hacer caso a lo que establece el texto; informes y/o dictámenes preceptivos y no vinculantes: es obligado pedirlo pero el Gobierno puede no hacer caso a lo que diga; e

75 *Vid.* Rubio Núñez, R; *La administración consultiva como mecanismo de participación ciudadana*, CEPC, Madrid, 2020, p. 75 y ss.

76 Respecto a los llamados «asesores», según la doctrina los datos gubernamentales no son muy fiables y siempre se duda de su veracidad. *Vid.* López Guerra, L.M: *La Constitución de España*, Tirant lo Blanch, Valencia, 2019, p. 121. Datos más recientes, del primer semestre de 2020 en concreto, elevan a 223 el número. Dato consultado en: https://www.newtral.es/asesores-gobierno-coalicion-primer-semestre-2020/20201130/. Último acceso: 12/02/2022.

77 Véase Triguero Ortiz, O: *El Consejo de Estado y los órganos consultivos autonómicos*, Dykinson, Madrid, 2014.

78 Véase Biglino Campos, P: «El Tribunal de Cuentas como garantía del Estado Social, del Estado Democrático y del Estado de Derecho», *Teoría y Realidad Constitucional*, n.° 44, 2019, pp. 77-100.

informes y dictámenes potestativos: el Gobierno puede o no pedirlo. En los dos primeros casos, sabemos si el Gobierno ha hecho caso (o caso omiso) a los criterios del Consejo leyendo el encabezamiento de la decisión pertinente.

Hay que hacer notar que el Consejo de Estado no se pronuncia en ningún caso sobre la oportunidad o conveniencia política de lo decidido por el Gobierno, salvo que lo pueda requerir la materia sobre la que se le consulta o salvo que así se le pida expresamente. En otras ocasiones es cierto que será como poco opinable si la materia tiene tales vertientes o no. Valga de ejemplo la relevancia del Informe del Consejo de Estado sobre la reforma constitucional, evacuado en 2006, un auténtico memento sobre la reforma constitucional que promovió el Gobierno Zapatero en el año 2004, que dio lugar a un rico debate académico pero que no acabó por conseguir reformar la Constitución en los famosos cuatro puntos (inclusión de una cláusula de mención a la pertenencia a España a la Unión Europea; inclusión del nombre de las CCAA; eliminar la preferencia del varón sobre la mujer en la sucesión a la Corona; y la sempiterna reforma del Senado para hacer de él una Cámara de representación realmente territorial)[79].

El Consejo de Estado actúa en Pleno y en Comisión Permanente, integrado por el presidente, los consejeros permanentes, los consejeros natos, los consejeros electivos y el secretario general. Las funciones que ejercen, dicho de forma obligadamente sintética, son de alta exigencia jurídica pues deben emitir informe y/o dictamen respecto a los anteproyectos de leyes que hayan de aprobarse en ejecución de tratados internacionales, los proyectos de Decretos Legislativos, en cuanto a los posibles interrogantes que surjan de las dudas relativas a la interpretación de los tratados internacionales que obligan a España, en los anteproyectos de ley o proyectos de ley de cualesquiera disposiciones administrativas, revisión de oficio de actos administrativos, eventuales reclamaciones por responsabilidad patrimonial de la Administración. Goza el Gobierno de una cláusula de cierre: cualquier tipo de consulta que estime el presidente del Gobierno o cualquier ministro puede ser elevada al Consejo de Estado.

En tiempos más o menos recientes varias CCAA crearon órganos consultivos muy similares al Consejo de Estado en esencia y en funcionamiento, aunque a raíz de la crisis económica desatada a partir de 2008 condujo a que algunos de ellos se suprimieran. No obstante, perviven algunos, por lo demás con dictámenes de una calidad y difusión fuera de toda duda, como por ejemplo el *Consell de Garanties Estatutàries* catalán, de cuyos dictámenes se hace eco el Tribunal Constitucional cuando lo estima procedente; verbigracia, en la STC 68/2017, de 25 de mayo y en la STC 11/2018, de 8 de febrero[80].

---

79 *Vid.* Álvarez Junco, J; y Rubio Llorente, F (dirs): *El informe del Consejo de Estado sobre la reforma constitucional*, CEPC-Consejo de Estado, Madrid, 2006.

80 De nuevo, véase Triguero Ortiz, O: *El Consejo...*, cit.

B. El Tribunal de Cuentas

El art. 136 CE establece lo siguiente: «1. El Tribunal de Cuentas es el supremo órgano fiscalizador de las cuentas y de la gestión económica del Estado, así como del sector público. Dependerá directamente de las Cortes Generales y ejercerá sus funciones por delegación de ellas en el examen y comprobación de la Cuenta General del Estado. 2. Las cuentas del Estado y del sector público estatal se rendirán al Tribunal de Cuentas y serán censuradas por éste». La regulación en detalle del órgano se lleva a cabo en la Ley Orgánica 2/1982, de 12 de mayo. Su jurisdicción se extiende por todo el territorio nacional y puede coordinarse en sus actuaciones con los órganos autonómicos que cumplan similares funciones allá donde existan[81]. Con carácter general, deberán remitir sus informes al propio Tribunal de Cuentas, al que quedan sometidos en el ejercicio fiscalizador[82].

La dependencia del Parlamento está exigida por la Constitución y, por ende, la regulación legal debe respetar escrupulosamente tales dictados, especialmente en el marco de la denominada «Cuenta General del Estado». El Tribunal de Cuentas controla la actividad económica y financiera del sector público del Estado, un sector que no cesa de crecer y que suele suponer en torno a la mitad del PIB de nuestros Presupuestos Generales. La tendencia al desarrollo y evolución de toda administración pública una vez creada vuelve a ser cierto, una vez más, ante lo demoledor y palmario de tal dato, cuya elocuencia no exige que hagamos más juicios. El Tribunal de Cuentas también puede llevar a cabo el control jurisdiccional de aquellos actos y sujetos que incurran en responsabilidad contable a la hora de disponer de las cantidades respectivas del erario.

Según la regulación legal actúa con independencia y goza de autonomía presupuestaria. Sus miembros, llamados consejeros de Cuentas, observan una garantía de independencia, inamovilidad e incompatibilidad que los jueces y magistrados integrantes del Poder Judicial. Pueden solicitar el auxilio —informaciones, datos, informes—, de cualesquiera a administraciones públicas y de empresas que integren el sector público estatal. Cuando actúa debe regirse por los criterios de legalidad, eficiencia y economía, elevando cada año una Memoria Anual a las Cortes Generales donde se deberán reflejar cualesquiera hechos irregulares o anómalos detectados. Recordemos que el Tribunal de Cuentas tiene plena jurisdicción propia y el ejercicio de esta no es incompatible con el ejercicio de las responsabilidades disciplinarias y penales que puedan exigirse, en su caso.

81 Los que existen hoy están integrados en la ASOCEX, la Asociación de órganos de control externo autonómicos. A fecha de cierre de estas páginas doce Comunidades cuentan uno: Navarra; Cataluña; Comunidad Valenciana; Galicia; País Vasco; Andalucía; Canarias; Islas Baleares; Madrid; Castilla y León; Asturias y Aragón. La información se ha recuperado de: https://asocex.es/que-son-los-ocex. Consultado el 11/02/2022.

82 *Vid.* Díez-Picazo, L.M: *Ordenamiento constitucional español*, Tirant lo Blanch, Valencia, 2020 cit, p. 218.

Su organización y funcionamiento tiene un esquema más o menos clásico. El Tribunal de Cuentas cuenta con un presidente, y el Pleno y la Comisión de Gobierno como principales órganos colegiados. Además, existen dos Secciones, una de Enjuiciamiento y otra de Fiscalización, coincidentes con sus dos principales funciones. Además, tiene una Fiscalía y una Secretaría General. El presidente se elige por el Pleno, siendo nombrado formalmente por el Rey y los consejeros se designan por el Parlamento, seis por la Cámara Baja y seis por la Cámara Alta, elegidos por la mayoría cualificada de tres quintos.

Por último, hay que destacar que las sentencias del Tribunal de Cuentas pueden ser recurridas en casación ante el Tribunal Supremo, siendo este, cuando ejerza jurisdicción contable, tribunal único pero no supremo (SSTC 187/1988, 18/1991; 215/2000; y STC 199/2016). En el caso de que ejerciendo su labor jurisdiccional observe que se han cometido ilícitos goza de potestad para sentenciar la correspondiente responsabilidad civil, aunque no penal[83].

C. Reflexión final

Las líneas anteriores dejan una serie de reflexiones. En primer término, las funciones constitucionales del Ejecutivo en España son fiel reflejo de que se confía en este para que lleve las riendas de la gestión de los asuntos ordinarios que competen al país. Esto se ha visto con meridiana claridad en la gestión de la situación extraordinaria de excepcionalidad cotidiana que se ha creado al hilo de la pandemia desatada por la COVID-19, a partir de marzo de 2020, con dos fases claramente diferenciadas: la primera gestionada por el Gobierno de la nación y la segunda gestionada por los Gobiernos autonómicos.

En segundo lugar, la Constitución establece que tales funciones se ejecutarán por el Gobierno de turno conforme a tres polos: la dirección política interior y exterior; la dirección de la administración civil y militar; y la defensa, en general, del propio Estado. Aunque la norma por excelencia que tiene el Ejecutivo para acometer tales tareas es el Reglamento, en ocasiones este ve su rango elevado al nivel legal, bien por delegación expresa del Parlamento (Decretos Legislativos), bien porque se dan circunstancias extraordinarias y excepcionales que le obligan a dictar normas *ad hoc* para hacerles frente (Decretos-Leyes).

En tercer lugar, el Gobierno queda plenamente sometido a dos tipos de control. Uno es el control político, que se ejercerá con carácter general por el Parlamento. En este tipo de control prima la política y no tanto el Derecho, aunque no podemos descartar la eventual importancia que puede tener a la hora de hacer caer a todo un presidente (como sucedió en 2018). El otro tipo de control es el control jurídico, donde el principio de legalidad y las exigencias propias del Estado de Derecho implican un control jurisdiccional que con carácter general se lleva a cabo por el Tribunal Supremo.

83 *Vid.* Díez-Picazo, L.M: *Ordenamiento...*, cit, p. 281.

En cuarto lugar, el Gobierno está auxiliado por dos órganos constitucionales de la mayor importancia. Por un lado, el Consejo de Estado, máximo órgano consultivo que con sus informes y dictámenes arroja luz jurídica. Por otro, el Tribunal de Cuentas, cuya labor fiscalizadora se antoja de vital importancia cuando se trata de controlar los dispendios y gastos que el Estado del bienestar, interpretado desde instancias gubernamentales, implica.

CAPÍTULO 4

CONTROL JUDICIAL Y ESTADO DE ALARMA

1. Introducción

La crisis sanitaria provocada por el COVID-19 ha afectado gravemente el ejercicio de muchos derechos fundamentales. Las autoridades se han visto obligadas a adoptar medidas que restringen derechos de manera abrupta e inesperada, en muchos casos sin suficiente cobertura legal. En España ya ha habido algunas decisiones judiciales sobre estas limitaciones que permiten extraer ciertas pautas. Nuestro análisis se ha centrado en las decisiones de los tribunales ordinarios de mayor jerarquía sobre la afectación del derecho a la libre circulación, el derecho de reunión y el derecho al voto. Nos hemos encontrado con decisiones dispares e incluso contradictorias, pero en cualquier caso, el juicio de ponderación y proporcionalidad ha servido para resolver los conflictos surgidos. A la espera de un pronunciamiento más envolvente de la Corte Constitucional, la garantía y efectividad de nuestros derechos está, hoy más que nunca, en manos de los jueces.

2. Derecho fundamental a la libre circulación

El derecho a la libre circulación por el territorio nacional se traduce en la libertad de circulación de la que disfrutan los ciudadanos (artículo 15 CE). Al respecto, han sido varias las controversias jurídicas surgidas desde que se desató la pandemia, allá por marzo de 2020. Sin perjuicio de lo que pueda decir nuestro Tribunal Constitucional a raíz de los recursos de inconstitucionalidad presentados en marzo y noviembre de ese año, admitidos en trámite y pendiente de juicio, nos referiremos aquí a dos supuestos. El primero es el caso de los confinamientos no generales decretados por las autoridades, primero sanitarias y luego judiciales. El segundo caso tiene que ver con el toque de queda.

A. Confinamientos no generales

En cuanto a los confinamientos no generales, traemos a colación dos Autos de un Juzgado de Instrucción y de un Juzgado de lo Contencioso-Administrativo, respectivamente, que acabaron avalando el confinamiento de una serie de turistas en un hotel de Canarias, en 2020. En este caso, Ocurrió que el Gobierno canario confinó a los turistas extranjeros que se alojaban en un hotel de la localidad tinerfeña de Adeje, hasta que los médicos valorasen su salud, ya que uno de ellos había dado positivo por COVID. Las entradas y salidas del recinto fueron vigiladas por fuerzas policiales. Estas medidas fueron ratificadas, en primer lugar, por Auto del Juzgado de Instrucción de Arona y, posteriormente, por Auto del Juzgado de lo Contencioso-Administrativo número 1 de Santa Cruz de Tenerife, de 2 de marzo de 2020.

Esta última resolución hace un examen de fondo del caso. En primer lugar, realiza un análisis de la autorización reglamentaria para dictar tal decisión, encontrándola amparada por diversas normas nacionales y autonómicas en materia de salud pública y saneamiento. Pero no hace una aclaración exacta de los derechos en juego afectados, sino apelaciones genéricas a la «libertad» ya los «derechos fundamentales» para entender que la medida de las autoridades no lesiona tales derechos.

También sucedió que un anciano fue a un hospital y al hacerse la prueba, dio positivo a COVID-19. La paciente solicitó el alta inmediata pero las autoridades sanitarias la retuvieron, solicitando un pronunciamiento judicial. Un Juzgado de Primera Instancia e Instrucción dictó Auto en el que entiende que nos encontramos ante una restricción proporcionada del derecho fundamental reconocido en el artículo 17.1 CE (derecho a la libertad y a la seguridad), combinado con las exigencias de protección de la vida y la integridad física (art. 15 CE) y la protección de la salud (artículo 43 CE).

Según algunos sectores doctrinarios, este tipo de aislamiento y/o confinamiento donde se priva absolutamente de la libertad de circulación fuera del perímetro confinado no provoca directamente una lesión a la libre circulación sino más bien una restricción de la libertad personal, restricción que a la luz de la normativa internacional los tratados pueden no ser ilegales. El ejemplo paradigmático es lo establecido en el artículo 5.1 e) del Convenio Europeo de Derechos Humanos: «(...) Toda persona 1. Toda persona tiene derecho a la libertad ya la seguridad. Nadie puede ser privado de su libertad, excepto en los siguientes casos y conforme al procedimiento establecido por la ley (...) e) Tratándose de la privación de libertad, conforme a la ley, de una persona susceptible de propagando una enfermedad contagiosa, de una persona enajenada, de un alcohólico, de un drogadicto o de un vagabundo (...)».

Este epígrafe ha sido interpretado a partir de un do mala lógica. La lógica de la protección de la salud pública. Y la lógica de proteger la salud y/o los intereses de la persona privada de libertad. Si hablamos específicamente de personas que son susceptibles de propagar una epidemia, como obviamente es el caso del coronavirus, hay muy poca jurisprudencia del Tribunal Europeo de Derechos Humanos en la que obtener algún tipo de orientación. Sin embargo, hay algo. En Enhorn c. Suecia, 2005, el TEDH estudió la legalidad convencional del internamiento forzoso de una persona por ser portadora del VIH. La Corte estableció una serie de requisitos para saber si dicha detención fue conforme a la Convención. En primer lugar, la decisión debe seguir el procedimiento legalmente establecido. En segundo lugar, la enfermedad debe constituir un peligro real para la salud pública. En tercer lugar, debe comprar Se debe verificar que no existen medidas menos severas para garantizar dicha salud pública. Si cualquiera de estos tres no ocurriera, la detención ya no estaría justificada a los ojos de la Convención.

B. Toque de queda

Otro tema que ha hecho correr ríos de tinta es la legalidad del toque de queda, que afecta gravemente la libertad de circulación y deambulación. Antes de que fuera establecido por el Gobierno Nacional para toda la nación, en octubre de 2020, algunos gobiernos autonómicos se vieron tentados a establecer el suyo propio. Así ocurrió en Castilla y León, donde la Junta estableció un toque de queda que fue derogado por el Tribunal Superior de Justicia de la Autonomía alegando que se limitaban sin justificación suficiente derechos fundamentales como la libertad de reunión y la libertad. tráfico. Un toque de queda, dice el tribunal, «conlleva una mayor intensidad en la afectación del derecho fundamental en cuestión». Por no hablar de que la decisión no es competencia de la Comunidad Autónoma sino del gobierno nacional.

La misma Comunidad Autónoma, con el toque de queda nacional ya en vigor, intentó adelantarlo más allá de las franjas horarias permitidas por la normativa nacional. En Auto de fecha 18 de febrero de 2021, la Sala de lo Contencioso Administrativo del Tribunal Supremo acuerda, como medida cautelar, suspender la vigencia del acuerdo de gobierno. Lo interesante es lo que dice en la Cuarta Ley Fundamentación: «(...) la consumación de una restricción ilegítima del derecho fundamental sería absolutamente irreparable y la sentencia sería ineficaz (art. 129.1 LJCA), y sería para todos ciudadanos afectados (...)», recordando que «(...) la argumentación de la Junta de Castilla y León para sostener que tiene competencia para agravar la restricción a la libre circulación es (...) contraria a la predeterminación que impone la Constitución y la Ley Orgánica 4/1981, de los estados de alarma, excepción y sitio (...)», ya que «(...) todo el alcance de la limitación de los derechos fundamentales afectados por el estado de alarma debe estar previsto expresamente en dicha norma (...)».

Cabe recordar que el Tribunal Supremo recuerda, en dicho Motivo Cuarto, que los artículos 55.1 CE y 116, 1 y 2 CE, y, en su desarrollo, el artículo 11.1.a) de la Ley Orgánica 4/1981, de 1 de junio, imponen que los eventuales decretos de estado de alarma (instrumentos normativos con valor formal de ley ex STC

83/2016, de 28 de abril) deben contener todas aquellas medidas que limiten la libertad de circulación o permanencia de las personas en la vía pública, o los requisitos para que ambos son presentados. Y tiene perfecto sentido, entonces, que no se puedan tomar decisiones gubernamentales al margen del decreto del estado de alarma. Lo contrario conduciría a una especie de ley excepcional fuera de todo control legal y absolutamente contraria a la esencia del Estado de Derecho que garantiza nuestra Constitución (artículo 1.1 y 9.3 CE, entre otros).

3. Derecho fundamental a la libre reunión y manifestación

Sobre el derecho fundamental de reunión y manifestación existen diversos pronunciamientos jurisprudenciales, y comienzan a publicarse los primeros estudios doctrinales rigurosos. El estudio de tales fuentes nos deja con un cuadro complejo y algo contradictorio. El fondo de las cuestiones quedó fundamentado, en buena medida, en el primer estado de alarma, declarado el 14 de marzo de 2020, y cuya vigencia finalizó el 21 de junio de 2020, que fue, en su momento, uno de los más duros por cómo gran parte de la población española estaba confinada en sus casas.

La casuística que sobresalió sobre las demás en lo que se refiere al ejercicio de los derechos fundamentales fue la convocatoria a una serie de manifestaciones cuando estuvo en vigor dicho confinamiento domiciliario, que duró casi tres meses (la información oficial habla, sin embargo, de «restricción de circulación de los ciudadanos»).

Siguiendo el esquema del profesor Bilbao Ubillos, podemos dividir este asunto en tres apartados: las manifestaciones convocadas para conmemorar el 1 de mayo, Día del Trabajo; el Auto de la Corte Constitucional de 30 de abril de 2020; y las manifestaciones convocadas por VOX cuando finalizaba la última prórroga del estado de alarma.

A. Las manifestaciones del Día del Trabajador

Varias asociaciones y sindicatos Diversas asociaciones y sindicatos convocaron manifestaciones para celebrar el 1 de mayo, a realizarse en automóviles, y respetando las medidas y protocolos sanitarios pertinentes. Algunas autoridades gubernamentales prohibieron su celebración, decisión impugnada por los organizadores en procesos contencioso-administrativos por vulneración del derecho fundamental en cuestión. Los Tribunales Superiores de distintas Comunidades Autónomas observaron que la prohibición no respetaba la libre reunión y manifestación. Este fue el caso de Aragón (60 vehículos cubiertos, una persona por vehículo); en Navarra (concentración estática de 6 personas durante 40 minutos manteniendo distancia de seguridad e higiene). Su respectivo TSJ protegió a los denunciantes.

Lo contrario ocurrió en Madrid y Galicia, donde el Tribunal Supremo no enervó la prohibición del Gobierno de las protestas convocadas. En el caso de Madrid, el Tribunal Supremo entiende que las circunstancias del momento implicaban que había que sacrificar el derecho de reunión para proteger otros derechos fundamentales, como la vida y la integridad física de las personas (artículo 15 CE). En el caso de Galicia, el Tribunal Supremo entendió que no se ofrecieron suficientes garantías de seguridad y que no se elimina la magnitud de la pandemia y el peligro para la salud pública, aunque salgan en vehículos (iban a circular 100 coches, uno persona en coche, con mascarilla y guantes). Lo mismo puede decirse del Tribunal Supremo de Castilla y León, aunque aquí el caso se diferencia en la desestimación del recurso por extemporáneo, recurso que atacaba la prohibición gubernamental de una caravana de tres coches por las calles de Burgos, el Tribunal Supremo entendiendo que el veto gozaba de cobertura legal en el reglamento de alarma.

B. El ATC de 30 de abril de 2020

Ante la decisión del Tribunal Supremo de Galicia, los organizadores interpusieron un recurso ante el TC. Como es sabido, el recurso fue inadmitido a trámite mediante el Auto que aquí se comenta, por una Primera Sala dividida en dos bloques (tres jueces a favor de admitirlo y tres jueces en contra) y una decisión que debía ser dictada por calidad de voto del Presidente. La Sala entiende que no aparecía la verosimilitud de los motivos que fundaron el recurso, en el hipotético riesgo de aglomeraciones, y que la celebración de la convocatoria habría dificultado el tránsito en Vigo y podría tener repercusiones en la asistencia sanitaria y la circulación de ambulancias o similares, extremo que sería causa de orden público que justificaría la limitación de los derechos fundamentales en juego (SSTC 59/1990 y 66/1995).

La resolución ha sido duramente criticada por varias razones. Por un lado, porque en nuestro país se han celebrado innumerables manifestaciones multitudinarias en los centros neurálgicos de las ciudades y ahora invocar —con una población confinada— un eventual «colapso circulatorio» es bastante exagerado (Bilbao). Otros sectores dicen que el TC olvidó que la obligación de los poderes públicos es maximizar el ámbito de libertad que protegen las normas que desarrollan los derechos fundamentales, garantizando la convivencia de todos ellos en la mayor medida posible, y siempre atendiendo a las circunstancias concurrentes. en el caso concreto, que el TC habría ignorado (Alarcón).

En línea con el auto comentado, se produjeron importantes decisiones jurisdiccionales. Por ejemplo, el Tribunal Supremo de Extremadura entendió, el 14 de mayo de 2020, que una manifestación ante la Presidencia de la Junta, en el centro de Mérida, estaba bien prohibida en Ley, donde calculó provisionalmente la asistencia de unas 30 personas como proporcional. restricción.

C. Manifestaciones convocadas por VOX

Aprovechando que el estado de alarma estaba a punto de terminar, VOX convocó manifestaciones en todas las provincias de España el 23 de mayo de 2020. La respuesta del gobierno fue muy divergente. Algunas subdelegaciones del Gobierno, en concreto nueve, las prohibieron. Otros fueron prohibidos por el Ministerio del Interior. Otros permitieron su celebración (Cantabria, Cáceres, Castellón, A Coruña, entre ellos). Otros que inicialmente negaron el permiso, luego permitieron su celebración (Madrid).

Cuando no se permitió, la decisión fue apelada. Así, el Tribunal Supremo de Castilla y León y el de Cataluña revocaron las prohibiciones gubernamentales, haciendo prevalecer el derecho de reunión en su ratio decidendi. En Madrid, otra manifestación fue convocada por el PCPE, que la Delegación del Gobierno anuló y que el TSJ permitió después, defendiendo el principio del favor libertatis.

Una vez finalizado el primer estado de alarma, la celebración de manifestaciones en España fue una constante, aunque una constante a la baja respecto a años anteriores. Sin embargo, algunos conflictos sobrevivieron. El Tribunal Supremo de Extremadura, en sentencia dictada el 10 de julio de 2020, enervó la prohibición gubernamental que recaía sobre la iniciativa de realizar una manifestación frente a la Asamblea de Extremadura cuando se celebraba el debate sobre el estado de la región, a partir de las 11 horas. a las 8 p. m. 22:00, el 14 de julio y 15. Pero lo enerva de una forma bastante novedosa: por la pandemia apoya la prohibición en los términos de la convocatoria pero permite una alternativa en otra plaza de la ciudad, el primer día, durante una hora, con un aforo de cuarenta personas. En este sentido, la doctrina señala que el principal problema que ha surgido tras la entrada en vigor del primer estado de alarma es la proliferación de distintas normas (órdenes ministeriales, resoluciones, órdenes autonómicas) que limitan el número de personas que pueden reunirse. Quizás las reuniones no vengativas que se celebren entre familiares, amigos y vecinos no entren dentro del perímetro del artículo 21 CE pero esto no empieza a estar protegido constitucionalmente hablando.

De hecho, es sintomático que algunas de estas decisiones no fueron ratificadas por varios tribunales. Por poner algunos ejemplos, un Juzgado de lo Contencioso-Administrativo de Murcia dictó Auto en agosto de 2020 denegando la ratificación de una orden del Gobierno que reduce a seis el número de personas porque no puede analizar, con los datos facilitados por el Gobierno murciano, si o no la medida es proporcional. Lo mismo sucedió en las mismas fechas con el Auto de un Juzgado de lo Contencioso Administrativo de Mérida, que consideró desproporcionada la limitación a quince personas. Lo mismo puede decirse del Auto de un Juzgado de lo Contencioso-Administrativo de Valladolid, donde se dice que las medidas previstas para un municipio concreto «no tienen la menor justificación». Estos incluyeron la decisión de limitar las reuniones a no más de 10 personas. Está pendiente la sentencia del Tribunal Supremo de la Comunidad Valenciana, donde un abogado recurrió la decisión del Ministerio de Sanidad, entre otras razones, por limitar a quince el número máximo de personas a reunirse.

En cuanto a la protección internacional del derecho de reunión y manifestación, quizás podamos referirnos nuevamente a la jurisprudencia de la CEDH sobre el artículo 11 de la CEDH en relación con el artículo 5 de la CEDH, en especial el caso Cisse c. Francia, 2002, donde la Corte observó que la evacuación de una iglesia «para evitar una situación peligrosa contraria a la salud de los reclusos» sentida dentro de la Convención. ¿Sería aplicable este supuesto por analogía interpretativa a los casos españoles? No sabemos si es así, pero desde luego se empiezan a dar pasos que conducen al progreso, una vez que avanza la campaña de vacunación y parece que la gravedad de la pandemia se refiere algo, a la protección sin fisuras de los derechos fundamentales de los ciudadanos. Así ha llegado nuestro TC a suspender la vacunación obligatoria establecida, so pena de multas, por la Ley 8/2021, de Galicia (ATC de 21 de abril de 2021).

4. El derecho fundamental al sufragio y los procesos electorales

El derecho a la participación política a través de representantes, libremente elegidos por sufragio universal (art. 23.1 CE) se ha visto afectado —como muchos otros derechos— por la pandemia. Desde que se declaró el estado de alarma sanitaria se han celebrado cuatro elecciones en España, todas ellas a nivel autonómico. Sólo dos de estos procesos han sido objeto de recursos judiciales impugnando las limitaciones al ejercicio del derecho al voto. Veamos brevemente los problemas planteados.

En febrero de 2020 se convocaron elecciones a los parlamentos autonómicos de Galicia y País Vasco, que debían celebrarse el 5 de abril. Un mes después de la convocatoria de elecciones (14 de marzo de 2020), se decreta el estado de alarma y se imponen una serie de restricciones muy severas a la movilidad de los ciudadanos, declarándose prácticamente el confinamiento domiciliario obligatorio de todos los ciudadanos. Ante esta situación, los presidentes de ambas Comunidades Autónomas decidieron dictar un decreto suspendiendo las elecciones. Ni la legislación electoral ni la de emergencia preveían esta posibilidad. La decisión de suspender el proceso electoral en curso se tomó con el acuerdo del resto de las fuerzas políticas y estuvo motivada por razones de fuerza mayor, en la imposibilidad material de organizar y garantizar el correcto desarrollo de los comicios con la debida protección de la salud. de los ciudadanos A pesar de carecer manifiestamente de cobertura legal, estas decisiones no fueron impugnadas en los tribunales. En mayo se emitieron nuevos decretos para la convocatoria de elecciones, que se celebrarían el 12 de julio, cuando la situación sanitaria hubiera mejorado y la normativa de emergencia (Real Decreto por el que se prorroga el estado de alarma 514/2020) estableciera expresamente que «la vigencia del estado de la alarma no impedirá el desarrollo o la realización de las actuaciones electorales necesarias para la celebración de las elecciones convocadas a los parlamentos de las comunidades autónomas». Sin embargo, la evolución de la pandemia hizo que a pocos días de la votación, la población de determinados municipios (Ordizia y la comarca de A Mariña) fuera puesta en confinamiento domiciliario. Esto significaba que los ciudadanos de aquellas localidades que no hubieran solicitado previamente el voto por correo no podrían votar. Esta fue una limitación severa, si no una suspensión total, de los derechos de participación política de tales personas.

Un partido político presentó una denuncia ante la administración electoral, que fue rechazada por tratarse de «pequeños segmentos de la población cuyo derecho al voto está limitado por motivos de salud suficientemente justificados». Estas decisiones de la administración electoral fueron apeladas ante los tribunales. La primera solicitud aboga por la adopción de medidas cautelares que permitan el ejercicio del derecho al voto por parte de las personas confinadas en sus domicilios. El Tribunal Supremo, mediante Auto 6269/2020, rechazó las medidas solicitadas, por considerar que eran totalmente genéricas e indeterminadas y que en realidad no constituían medidas encaminadas a garantizar la efectividad de la sentencia que eventualmente pudiera dictarse. Tras la desestimación de estas medidas, los recurrentes no formalizaron el recurso y éste fue finalmente cerrado.

Por tanto, la primera intervención judicial en materia de restricción del derecho al voto fue absolutamente tangencial, sin entrar en el fondo del caso. Parece que la situación de emergencia sanitaria, lo imprevisible de la gravedad del contagio y, en definitiva, las causas de fuerza mayor, justificaron la adopción de medidas muy controvertidas, como la suspensión del proceso electoral, que afecta colectivamente a toda la ciudadanía, o la restricción individual del derecho de voto de los confinados.

El siguiente caso tiene características que lo hacen muy diferente. En diciembre de 2020, el vicepresidente de la Generalitat —en calidad de presidente— convocó elecciones al Parlamento de Cataluña para el 14 de febrero. A la vista de la evolución de la situación sanitaria, el 15 de enero la misma Vicepresidenta dictó otro decreto cancelando la convocatoria electoral, que quedaría suspendida hasta el 30 de mayo, previo análisis de las circunstancias epidemiológicas y de salud pública y siempre que la evolución de la pandemia lo permitió.

El decreto de suspensión de las elecciones fue objeto de recurso ante el Tribunal Supremo de Cataluña que, tras suspender su vigencia como medida cautelar previa, decidió declararlo nulo mediante sentencia 121/2021, de 1 de febrero.

En este caso, el órgano judicial entró en el fondo del asunto y centró sus argumentos en dos tipos de consideraciones, formales y de carácter sustantivo.

En cuanto a las consideraciones de carácter formal, para el Tribunal no existe disposición legal que autorice la suspensión de un proceso electoral en curso, ya sea de carácter electoral general o de carácter de emergencia. Todo lo contrario (recuérdese el RD de alarma que prevé la celebración de elecciones, a pesar de la declaración del estado de alarma). En cualquier caso, el órgano que convoca elecciones carece de competencia —ya que está en funciones y el parlamento está disuelto— para suspender un proceso en curso, teniendo en cuenta que —como en las elecciones de Galicia y el País Vasco— no hay disposición por fuerza mayor. Cuando se convocaron las elecciones ya había una situación de pandemia con limitaciones de movilidad.

En cuanto a las disposiciones de carácter sustantivo, dirá el órgano jurisdiccional que la suspensión de un proceso electoral ya convocado afecta directamente la periodicidad de las elecciones, elemento fundamental de unas elecciones verdaderamente libres y justas. Es también una limitación muy intensa que afecta el contenido esencial del derecho y, además, lo hace de manera general, afectando el aspecto colectivo del derecho. Para realizar el necesario contrapeso, la Corte comienza por cuestionar las razones de la suspensión, que se refieren a la garantía del proceso electoral. En otras palabras, se trata de evitar que un sector de la población no pueda votar, lo que llevaría a la deslegitimación de todo el proceso. Se hace constar que no existen estimaciones precisas del número de personas que se verían afectadas, y que la administración también debe prever las medidas necesarias para facilitar el ejercicio del derecho de voto, ya sea mediante el voto por correo o mediante otros medios. tipos de prestaciones y garantías de seguridad. Por tanto, la medida restrictiva no tiene base legal, no es necesaria —ya que existen medios menos gravosos para lograr el mismo fin, que es la protección de la salud— y es desproporcionada.

La sentencia también aborda tangencialmente los supuestos de suspensión de elecciones en Galicia y País Vasco y considera que estaban justificados por causas de fuerza mayor, dada la imprevisibilidad de la situación epidemiológica y la imposibilidad material de celebrar las elecciones con la población confinada en sus domicilios. casas En el caso de Cataluña, no existen tales razones de fuerza mayor, y el sacrificio del derecho es desproporcionado. La pandemia y las restricciones a la movilidad o el riesgo de contagio son de todos conocidos y se asumen como una nueva normalidad en la que necesariamente debemos movernos en los tiempos que corren.

En el ámbito de los procesos electorales, la falta de previsión normativa inicial llevó a decisiones que fueron En el ámbito de los procesos electorales, la falta de previsión normativa inicial dio lugar a decisiones muy discutibles desde el punto de vista legal pero necesarias desde el punto de vista sanitario. Prueba de ello es la ausencia de recursos judiciales contra la suspensión de elecciones en Galicia y País Vasco. Inicialmente sólo se discutió la restricción individualizada del derecho al voto de algunos ciudadanos, pero finalmente no se interpuso recurso alguno. En Cataluña, sin embargo, las autoridades tenían suficiente experiencia y podrían haber dado garantías de que las elecciones se celebrarían en un entorno seguro. El Tribunal realizó un estricto control de proporcionalidad y decidió privilegiar el ejercicio del derecho de voto frente a consideraciones vagas o genéricas de baja participación electoral o peligro de contagio[84].

A partir de estas consideraciones, debemos siquiera anotar de pasada que la doctrina constitucionalista ha visto en esta pandemia una oportunidad, quizá perdida, de poder implementar algunas herramientas propias de los sistemas de *e-voting*. La profesora Álvarez Robles ha escrito en ese sentido que no tendríamos que partir de cero, pues gozamos de una serie de experiencias comparadas (y algunas nacionales a nivel estatal y autonómico) que nos guiarían por el siempre proceloso camino de votar sin urna delante. Uno de los apuntes que intelectualmente resultan más interesantes de la propuesta de la constitucionalista es observar el voto electrónico respecto complementario respecto del voto físico, como una suerte de evolución hacia el Estado digital en el que ya probable e inevitablemente vivimos[85].

---

84 Un estudio en profundidad del caso catalán puede verse en MARTÍN GUARDADO, S; «Aplazamiento electoral vs. Suspensión del derecho de sufragio. A propósito de las elecciones al Parlamento de Cataluña del 14 de febrero de 2021». En FIGUERUELO BURRIEZA, Á (dir); y MARTÍN GUARDADO, S (coord.); *Nuevas tendencias en materia de derechos y libertades*, Aranzadi, Cizur Menor, 2022, p. 203 y ss.

85 *Vid.* ÁLVAREZ ROBLES, T; «El voto a través de las tecnologías de la información y de la comunicación en el contexto de unas elecciones generales en España: voto electrónico, voto telemático y voto por internet». En ÁLVAREZ ROBLES, T (dir); *Crítica interdisciplinar de los sistemas de votación electrónica: revisando la democracia digital*, EOLAS Ediciones, León, 2022, p. 13 y ss. Algunos peligros de tal «marco mental tecnológico», que el legislador español reguló y posteriormente el Tribunal Constitucional declaró inconstitucionales pueden verse en el estudio de FERRER MARTÍN DE VIDALES, C; «Personal data on people´s political opinions: the controversial attempt to regulate their use in Spain». En FERNÁNDEZ RIVEIRA, R.M.ª; y , Á (dirs); *Reflections for quality democracia in a technological age (part two)*, Aranzadi, Cizur Menor, 2023, p. 321 y ss.

CAPÍTULO 5

REFLEXIONES METACONSTITUCIONALES

Las medidas adoptadas por los diferentes Gobiernos del mundo a la hora de dotarse de una marco regulatorio para enfrentar los efectos de la pandemia comprenden una panoplia de decisiones, en algunos casos similares (confinamiento), y en otros diametralmente opuestos (Japón no confinó. Australia confinaba pocos días seguidos).

La idea de este capítulo es pulsar la opinión de la comunidad de expertos y poder conocer, con amplitud de miras y sin encerrarnos en el marco concreto de esta o aquella disciplina científica, qué podemos esperar de los resultados de la gestión de la pandemia, sobre todo de cara al futuro, sin caer en el pesimismo barato ni tampoco en el optimismo irredento. En el término medio quizá se pueda encontrar la virtud.

1. Salud, economía y soledad

Ha sido un lugar común repetir que el sistema público de salud estaba ya en serio riesgo antes de la llegada de la COVID-19. Tener que hacer frente a la pandemia ha supuesto, según algunas voces, el rejonazo de muerte para aquel. No obstante, habrá que ver cómo evoluciona el asunto en los diferentes países occidentales, pues no todos esos sistemas presentan las mismas patologías ni cuando las presentan su solución se ha abordado —si es que se ha abordado— de igual manera[86].

Además, determinados indicadores económicos que demostraban salud, bonanza y robustez no han sido destruidos, afortunadamente, por la pandemia. Por poner un ejemplo sensible: la progresión de la renta absoluta de colectivos tradicionalmente preteridos como la *América negra* ha aumentado[87].

86 *Vid.* Mounk, Y; *El gran experimento. Por qué fallan las democracias diversas y cómo hacer que funcionen*, Paidós, Barcelona, 2022, p. 60 y ss.

87 *Vid.* Mounk, Y; *El gran experimento. Por qué fallan las democracias diversas y cómo hacer que funcionen*, Paidós, Barcelona, 2022, p. 205 y ss.

La pandemia, en fin, ha evocado en muchos de nosotros una sensación de lejanía y a la vez de proximidad, pues todos estábamos pasando por lo mismo mientras que teníamos que estar separados físicamente. En esa humanidad común que demanda compasión para reconocerla y que casi todos los analistas y expertos echan tanto en falta en los últimos lustros[88].

Noreena Hertz ha profundizado en el análisis de cómo nos ha afectado la pandemia a la hora de enfocar nuestros sentimientos de soledad. Nos dice la académica que igual que la COVID-19 consiguió acrecentar esos sentimientos, la raíz no vino provocada por la pandemia: ya estaba en nosotros, ese «siglo de la soledad» había empezado antes, mucho antes de hecho.

Las reuniones de gente no desaparecieron con la pandemia, solo que tuvimos que ajustarnos a los límites y molestias que esta entrañaba. La necesidad de contacto físico y de comunicarse es acuciante y siempre lo ha sido. Los seres humanos somos animales sociales. En ese sentido, volver al trabajo, volver a la empresa ha sido un reconstituyente de primer orden, sigue razonando Hertz.

Otro tema que surge del estudio y de las vivencias acaecidas en pandemia es el efecto en la salud mental no ya de la propia enfermedad sino de la decisión gubernamental de tenernos en arresto domiciliario, incluso aquellos que lo estuvieron en periodos relativamente cortos. Ciertas investigaciones demuestran que los efectos, negativos y perniciosos, se prolongan en ocasiones durante varios años. Se ha demostrado un aumento de la depresión, del alcoholismo y de otras adicciones —especialmente la ludopatía— así como del síndrome de estrés postraumático o de aquellos síntomas extremos que tienen que ver con la hipervigilancia, los terrores y pesadillas y los pensamientos obsesivos y recurrentes[89].

Seguramente veamos, si no estamos viendo ya, algún tipo de campaña gubernamental respecto a «mejorar la salud mental». Quizá porque saben que las consecuencias a corto, medio y largo plazo de un confinamiento, tanto más si este dura meses, han provocado que estemos como estamos. Las acciones del Gobierno en este sentido han costado vidas, haciendas y mentes. No dudamos de las intenciones gubernamentales de «salvar vidas» pero a buen seguro ciertas decisiones han contribuido a empeorarlas.

Hertz sostiene que a pesar de que el populismo ha aumentado en los últimos tiempos, y a pesar de que muchos líderes autoritarios como Orbán, Duterte, Xi Jinping o Erdogan utilizaron la excusa del COVID-19 para afianzarse en el poder y restringir las libertades de sus ciudadanos, eso no da pie a pensar o a defender que ha habido un resurgimiento generalizado del totalitarismo.

---

88 Así, sin ir más lejos, el propio *Vid.* MOUNK, Y; *El gran experimento. Por qué fallan las democracias diversas y cómo hacer que funcionen*, Paidós, Barcelona, 2022, p. 270.

89 *Vid.* HERTZ, N; *El siglo de la soledad. Recuperar los vínculos humanos en un mundo dividido*, Paidós, Barcelona, 2020, *passim*.

Profundizando en esa línea, la propia Hertz señala que buena parte de tales líderes, con Donald Trump a la cabeza, aprovecharon para «avivar las tensiones religiosas y raciales y demonizar a los que son diferentes». Convendría recordar a la autora que si tales conductas «avivan» eso significa que ya existían antes de la pandemia tales tensiones y que, por ello, la causa habría que buscarla en otros lugares, no en el coronavirus.

El ejemplo que pretende hacernos llegar, con Orbán alegando que las universidades húngaras tenían especial riesgo porque había en ellas muchos extranjeros, o con Salvini arguyendo que la propagación de la enfermedad estaba conectada con solicitantes de asilo provenientes del norte de África roza lo sensacionalista.

No obstante, no todo es muerte y destrucción. Aquí podríamos diferenciar dos tipos de respuesta. La respuesta que ofrecieron las comunidades de personas y la respuesta política. Aunque los humanos tuvimos que pasar largo tiempo guardando las precauciones y cautelas bien conocidas, hubo no pocos sujetos que se unieron gracias al confinamiento.

Personas que hicieron ejercicio más o menos juntas en un barrio de Londres. Traslados gratis a hospitales de la mano de taxistas, cosa que sucedió en Madrid (España). Una propina de casi diez mil dólares por una factura de sólo noventa (y con una nota adherida: *emplead esta propina para pagar el sueldo de los empleados durante las próximas semanas*). Aplausos y caceroladas, todo en uno. Intentábamos (re)conectar. Las raíces de las comunidades locales deben ser fuertes, lo cual viene de interactuar con las personas que nos rodean.

2. El Derecho desbocado

Desde el Derecho Público también se formularon algunas reflexiones que merecen la pena ser traídas a colación. La profesora Fuertes, catedrática de Derecho Administrativo en la Universidad de León, publicó un trabajo donde reflexionaba sobre los avatares de la declaración de los primeros estados de alarma allá por marzo de 2020 y fechas sucesivas[90].

Uno de los rasgos que detectó era la cantidad de normas nuevas que se aprobaron a su amparo, según sus propias palabras: «difícilmente digeribles cada mañana». La falta de control parlamentario al Gobierno durante seis meses es otro de los dislates que glosa. La aprobación de leyes de forma casi fugaz, sin apenas debate y deliberación, sin tarea de informe y reflexión. Todo ello, junto a algún que otro factor negativo más (por ejemplo, la expulsión del español de algunas aulas…), conforman un panorama desolador caracterizado por una creciente deslealtad constitucional.

90 *Vid.* FUERTES, M; «La Constitución en tiempos de pandemia», *Revista Jurídica de la Universidad de León*, n.° 8, 2021, pp. 23-36.

La preocupación de la jurista no es baladí, pues observa que la escena política española, especialmente a raíz de la pandemia pero no solo, pues las tendencias ya se observaban antes, presenta cada vez más rasgos de aquellos que el profesor Linz identificaba con la quiebra de las democracias: impugnar las reglas de juego democráticas, negar legitimidad a los contrarios, tolerar o incluso aceptar o promocionar ciertas dosis de violencia, etc.

La diferencia con otras latitudes, si nos atenemos al estricto criterio doctrinal, es palpable. Por ejemplo, en Alemania se combatió la pandemia mediante una restricción sin precedentes de los derechos fundamentales, cierto es, pero estas restricciones siempre han seguido los requisitos y los límites establecidos en la Constitución, respetando el principio de proporcionalidad y el contenido esencial de cada uno de los derechos individuales limitados.

En el país teutón, suspender derechos fundamentales no queda amparado bajo el manto constitucional pues la Ley Fundamental de Bonn nada dice sobre el particular. La gestión de la emergencia sanitaria se basó esencialmente en una la *Ley Federal de Protección contra las Infecciones*. La normativa dictada por los Länder se ceñía a lo que esta ordenaba. Quizá eso explica que la litigiosidad en Alemania en tiempos pandémicos haya sido escasa y la jurisprudencia solo ha tenido que enmendar la plana a los gobernantes en aspectos de detalle, manteniendo incólume la cláusula del Estado de Derecho[91].

Querríamos hacer aquí hincapié en la importancia de la labor de control parlamentario en los sistemas de democracia constitucional, especialmente respecto del debate. En efecto, siguiendo a la profesora Garrote de Marcos, el debate parlamentario ha sido, es y probablemente será el rasgo definitorio de las Cámaras y su razón de ser[92]. La constitucionalista ofrece algunas razones bien atendibles. Por un lado, recordemos, junto a ella, que el Parlamento es la sede de representación nacional que refleja, como no puede ser de otro modo, el pluralismo político y social. La discusión de las posturas, diferentes y diferencias, solo puede hacerse con debate. Por otro, precisamente ese pluralismo dará como resultado la divergencia de posturas, una diversidad por lo demás bien real y nada impostada que conduce a, en expresión más que más que afortunada de la profesora Garrote, «encender la dialéctica». Conviene no olvidar un motivo ulterior, que no por quedar en último plano es menos importante: el Parlamento es el teatro de la vida política, plaza donde se exponen las cuestiones trascendentales en las que el diálogo y la publicidad son el necesario pan nuestro de cada día.

---

91 Así lo defiende ARNOLD, R; «Pandemia y Constitución: la experiencia de Alemania», *Revista Catalana de Dret Públic*, n.° extra 3, 2020, pp. 20-37.

92 *Vid.* GARROTE DE MARCOS, M.ª; «Debate parlamentario y control al Gobierno». En TUDELA, J; y KÖLLING, M (eds.); *Calidad democrática y Parlamento*, Fundación Manuel Giménez Abad-Marcial Pons, Madrid, 2022, pp. 11 y ss.

No se esconde en el razonamiento de la jurista que habría que hacer algunas reformas para revitalizar dicha función de control. Quizá la base de todas sea partir de la idea de que resulta capital cualificar a la minoría para que controle de veras al Ejecutivo. En primer término convendría abordar la necesidad de reformar a nivel estructural la sede parlamentaria. Aconsejable sería, en tal sentido, reformar el Reglamento del Congreso de los Diputados, para incluir lo que deba incluirse de la redacción de las Resoluciones presidenciales. También acabar con la incongruencia del diseño entre la dialéctica parlamentario-grupo parlamentario y la regulación de las preguntas e interpelaciones, en aras de dar mayor protagonismo al parlamentario individual. Respecto a las reformas coyunturales, podríamos reflexionar sobre la posibilidad de introducir preguntas en todos los plenos, con un tiempo de duración variable, en aras de conseguir los objetivos arriba explicitados y que, en última instancia, se refieren a favorecer la conexión entre el Parlamento y su sociedad. Que podamos ver cómo se controla al Gobierno como forma cotidiana de hacer política auténticamente representativa.

Siguiendo a Bustos Gisbert, la responsabilidad parlamentaria del Gobierno de la Nación debe incrementarse en tiempos de emergencia y debería ser, en concreto, el Congreso de los Diputados la Cámara que canalizase el peso de la operación[93]. La presencialidad garantizaba articular la responsabilidad parlamentaria, aspecto que se resintió cuando aquella se suprimió. No obstante, el constitucionalista es de la opinión de que la suspensión de la actividad parlamentaria fue un error pero no tan grave como prima facie se barruntaba, pues la Cámara Baja siguió funcionando aunque fuera con una política de mínimos. Del examen de los estados de alarma el profesor Bustos deduce una conclusión desalentadora y juiciosa a partes iguales: se gestionó mejor la responsabilidad parlamentaria del Gobierno durante la pandemia cuando hubo de satisfacerse en condiciones de urgencia antes que cuando pudo planificarse.

No obstante, existe una nueva declaración de inconstitucionalidad que añadir a la ristra de declaraciones de inconstitucionalidad con motivo de los excesos gubernamentales en la gestión de la pandemia. Es la operada por la STC 70/2022, de 2 de junio. Como se recordará, al no existir control parlamentario sobre las medidas de las CCAA en el segundo estado de alarma decretado a nivel nacional se intentó paliar o compensar mediante la promulgación de la Ley 3/2020, de 18 de septiembre. Esta norma modificó algunos puntos sustanciales de la Ley de la Jurisdicción Contencioso-Administrativa, en concreto el nuevo apartado 8 del artículo 10, donde se establece que las salas de dicha jurisdicción de los Tribunales Superiores de Justicia deberán conocer de la «autorización o ratificación judicial» de aquellas medidas autonómicas consideradas «urgentes y necesarias» para garantizar la salud pública y supongan «la limitación o restricción de derechos fundamentales». Si el ámbito territorial era superior al autonómico, será la Audiencia Nacional

93 Bustos Gisbert, R.; «Democracia y pandemia», en Tudela, J.; y Kölling, M.(eds.); *Calidad democrática y Parlamento, Fundación Manuel Giménez Abad-Marcial Pons*, Madrid, 2022.

quien deba evacuar la autorización correspondiente. El plazo que la norma establecía a los efectos, para unos y otra, era de tres días (naturales, para más señas).

La STC 70/2022 declaró inconstitucional tal previsión. La reserva de jurisdicción del poder judicial impide que ningún otro poder del Estado pueda ejercer la potestad jurisdiccional. Entendida como principio de exclusividad, impide a los jueces y tribunales ejercer potestades públicas distintas a juzgar y hacer ejecutar lo juzgado, salvo que el legislador estatal les atribuya funciones distintas de la jurisdiccional (sin desnaturalizar el principio de separación de poderes). El precepto cuestionado quebranta la reserva de jurisdicción, y con ello el principio constitucional de separación de poderes y la independencia judicial, pues compele al poder judicial a colaborar para el perfeccionamiento de unas medidas que de otro modo resultan inaplicables. De este modo, participan en el ejercicio de la potestad reglamentaria del poder ejecutivo, estableciendo un control anterior o preventivo que debería ser posterior. Establecer un régimen de autorización judicial como condición previa y necesaria para la eficacia de las disposiciones generales dificulta, a juicio del TC, la exigencia de responsabilidad política y los principios de seguridad jurídica y publicidad de las normas. La declaración de inconstitucionalidad se extiende por conexión al precepto que otorga las mismas facultades a la Audiencia Nacional, anulándose también la previsión de carácter preferente de estos procesos así como el plazo señalado de los tres días.

Esto, en palabras del propio Bustos, constituía una visión en la que se convierte a los tribunales en colegisladores e incluso correglamentadores. Es el Gobierno, controlado por el Congreso, quien debe tomar según qué decisiones, nos dice el jurista. Adicionalmente se hubiera creado un caos jurídico importante, en la medida en que la inseguridad jurídica hubiera sido la norma: diecisiete Tribunales Superiores de Justicia dictando resoluciones sin apenas margen de reflexión y estudio sobre la adecuación y mesura de medidas restrictivas de derechos fundamentales no parece un escenarios ni plausible ni garantista.

Conforme continúan los estudios de esta resolución, el criterio deviene unánime. Siguiendo a Agudo González, los órganos judiciales podrían haber logrado fines muy parecidos a la hora de proteger derechos fundamentales con el mero ejercicio de la función jurisdiccional ordinaria, sin remedos extraños. Por eso entiende, entre otras razones, que la facultad extraordinaria contemplada en el artículo 117.4 CE —que sigue siendo extraordinaria en pandemia— no se daba en el caso de autos y, por ello, la ley no encaja dentro de la Constitución, tal y como ha señalado el Juez Constitucional[94].

---

94 *Vid.* Agudo González, J; «Las funciones de los órganos judiciales a debate. Cuando circunstancias extraordinarias —la pandemia de la covid-19— amenazan lo permanente —la separación de poderes—», *Revista Española de Derecho Constitucional*, n.° 126, 2022, pp. 49-88.

3. Sufrimiento, dolor, moral, fracaso

Desde la filosofía se han dicho cosas interesantes al hilo de la pandemia. Kieran Sietiya ha dado testimonio en un libro que conviene seguir de cerca[95]. El autor resalta una máxima difícilmente controvertible y es que las personas sufren con frecuencia de maneras que no expresan. A veces queremos, pero no podemos. Otras no queremos. Otras, queremos y podemos pero no sabemos cómo hacerlo. Abrirse es hacerse completamente vulnerable. En el caso de la pandemia, la misma enfermedad nos hizo doblemente vulnerables. Era muy difícil sacar a la luz cómo estábamos de verdad porque algo nos decía, quizá el instinto biológico, quizá un reflejo atávico, quizá la supervivencia a nivel más elemental.

Sietiya sintió que sus ideas estaban siendo puestas a prueba conforme el crisol de la experiencia moral directa. Y la pandemia trajo, entre otras muchas cosas, eso: la necesidad de saber que nuestra supervivencia se vio amenazada y así lo sentimos. En esas condiciones, a tal nivel de sobrevivir en lo más elemental, el andamiaje moral que teníamos en pre-pandemia no se vio especialmente alterado por la llegada del virus y la necesaria convivencia con él a partir de ese momento. No hubo saqueos. No hubo tumultos públicos reseñables. No se produjeron incidentes graves, ni golpes de Estado, ni nada parecido. Sea porque quienes administran de verdad los países tenían muy claro que había que reforzar la seguridad, sea porque los ciudadanos dieron un ejemplo de saber cohabitar en condiciones adversas, la realidad es que ningún sistema cayó: las dictaduras lo siguen siendo y las democracias, también. ¿Erosionadas? Sin duda. Como toda empresa humana, por lo demás.

Sietiya hace un distinción que al hilo de la pandemia resulta nutritiva. Una cosa es la enfermedad y otra cosa es la dolencia. La primera significa que el cuerpo no funciona de forma adecuada mientras que la segunda es el impacto negativo de la enfermedad en la experiencia vivida. La enfermedad es biológica mientras que la dolencia es, por así decir, fenomenológica. Algo de eso también ha sucedido con el COVID-19. Un virus que ha generado una pandemia ha afectado de forma desigual a cada uno de nosotros. Mientras que en Madrid, debido a varios factores donde descolla la enorme densidad de población que observa, las tasas de contracción y muerte provocadas por el virus fue muy superior a lugares de España donde la densidad de población era menor. Por ejemplo, la Isla de la Gomera estuvo semanas sin un solo caso (y sufrió exactamente igual el Decreto gubernamental obligando a la población a confinarse).

El dolor suele entrañar soledad, aislamiento, desesperación, rabia, frustración e impotencia. Pero también nos ofrece, caso de que lo solamos padecer,

---

95 Setiya, K; *La vida es dura. Filosofía para encontrar nuestro camino*, Paidós, Barcelona, 2022, p. 9 y ss.

algo valioso como la compasión y la empatía real por todos los seres humanos. Cuando uno tiene una lesión crónica y sigue haciendo su vida, es más consciente a nada que lo piense del dolor ajeno y de lo que esas personas están pasando. Entiéndase bien: a nadie se le está deseando o aconsejando que se provoque enfermedades para ser más compasivo sino que se extrae una consecuencia positiva de una vivencia dura, difícil y, en alguna medida, límite.

¿Cómo tratar, entonces, el dolor? Sietiya ofrece una aproximación interesante: concentrándonos en el presente. Así las cosas, la enfermedad debe tratarse como una invitada no deseada, a quien lo prestamos especial atención. La vida cotidiana debe continuar con la mayor normalidad posible. Sietiya también analiza el *fenómeno covid* que la absoluta soledad no reforma sino que mata. Necesitamos a los otros pero rehuimos ser gobernados o abrumados por ellos, de ahí que anhelemos un espacio propio.

Otra de las reflexiones que nos brinda el autor tiene que ver con el fracaso o, por mejor decir, con la sensación de fracaso. Muchas personas creyeron o sintieron que la pandemia ponía en suspenso sus vidas. Que quizá el proyecto familiar o laboral que deseaban emprender se había truncado. En dos palabras: habían fracasado. Para nuestro autor, nada más lejos de la realidad. El fracaso y el éxito son nociones contingentes. El mito fundacional del fracaso es que este es culpa nuestra. Una vida ni fracasa ni triunfa: se vive. Aunque la tendencia como humanos es la de ser unos novelistas virtuosos con nosotros mismos, pues nos narramos las vivencias como si fueran un relato con coherencia lineal. Lo que hace que de veras merezca la pena la vida del «narrador» son los innumerables pequeños actos y pensamientos, las amables y divertidas interacciones que nos ocupan un día tras otro. Como dijo Baker: en una hora de almuerzo hay material suficiente para llenar un libro.

En momentos de tribulación como los que nos ha tocado vivir (¿alguna vez no fueron atribulados?) es de agradecer que haya testimonios tan contumaces como los del filósofo. Setiya dirá que: «de lo que me arrepiento es de tratar mi vida como un proyecto por completar: primero hacer un doctorado, luego conseguir un trabajo, lograr la titularidad y subir en el escalafón; dar una clase, publicar un artículo, un libro, luego otro, y otro y otro...¿Con qué propósito? Mi vida se basaba más en los logros y frustraciones del pasado, una mera acumulación de actos, y el presente se me antojaba vacío»[96].

La clave de las claves: recréate en la actividad y olvida sus frutos. La felicidad suele tener que ver con intentar alcanzarla no en la felicidad en sí misma. Vivir bien es eso: valorar el proceso por encima de todas las cosas, más allá de sus resultados. Así es como solemos relativizar el impacto tanto del éxito como del fracaso. Solemos centrarnos en conseguir el bien en cuestión y nos olvidamos del valor inherente al proceso que nos lleva hasta él. Aunque

96 SIETIYA, K; *La vida es dura...*, cit, p. 107.

el paciente acabe muriendo, hay valor en que el médico haya luchado por salvarle la vida. Aunque el libro no llegue a nadie, hay valor en el hecho de dedicar varias horas a su escritura.

Si nos vemos a nosotros mismos como un fracaso, corremos el riesgo de empezar a hacernos daño. De ahí que las llamadas *muertes por desesperación* en Estados Unidos tengan como víctimas, sobre todo, a hombres blancos sin estudios universitarios, con un 40 % más de probabilidades de morir de suicidio, alcoholismo o sobredosis. Tendencias igualmente lacerantes tienen que ver con esos deberes que los niños deben hacer cada vez en mayor cantidad en el colegio. La vida se ha «mercantilizado» y casi todo se observa con el prisma del ganadores y perdedores. Los niños invierten en su propio capital humano propio desde edades cada vez más tempranas.

La pandemia ha exacerbado algunas tendencias que se venían observando en nuestro cuerpo social. Nos hizo estar hiperconectados y desarrollar una cierta adicción a consumir sin límite malas noticias. Bien es cierto que el grueso de las noticias son malas cuando ruge la pandemia pero cualquier persona que haya estado viendo los telediarios de los últimos veinte años habrá dicho, para sí o en voz alta, aquello de que esto parece *El Caso*, semanario español especializado en sucesos que estuvo en activo durante cuarenta y cinco años.

Tal vez, como dijo Wittgenstein, hayamos sido embrujados por las palabras. Que suceda que estamos completamente borrachos de texto y nos comportamos en consecuencia: todo el mundo hablando de todo, todo el mundo escribiendo de todo, y casi nadie diciendo nada que merezca la pena. Kierkegaard dijo que la esperanza es la pasión por lo posible. Ahora parece más imposible que nunca poner un mínimo orden y concierto en la vida.

Dicho lo anterior, conviene no caer en el derrotismo. Esta pandemia nos ha enseñado que los seres humanos nos necesitamos los unos a los otros y nos necesitamos cerca en carne y hueso. No intermediados a través de pantallas sino abrazándonos o posando la mano en el hombro. Como animales sociales que somos, no toleramos bien la distancia física, la falta de contacto, el no poder mezclarnos por la calle o en un vagón de metro. La pandemia nos hizo replantearnos nuestra relación con Dios, con el ecosistema que nos rodea, con nuestras familias y con nosotros mismos[97].

También con la tarea de los Gobiernos, constatando a raíz de esto, una vez más, que cuando se trata de situaciones excepcionales el poder tiende a propasarse, elaborando un argumentario que pretende justificar velada y ladinamente sus desmanes. Es lo que tiene entender y aplicar mal la igualdad (o, a lo peor, es que esta es directamente inasible): tabula rasa, todo el mundo encerrado en su casa, y a ver qué pasa. Y lo que pasa es que los confinamientos salvajes han traído, en cierta medida, más enfermedades,

97 Véanse al respectos las reflexiones de Ahmari, S; *El hilo que une. Cómo descubrir la sabiduría de la tradición en una época de caos*, Rialp, Madrid, 2022.

más muerte y más dolor. Por no mencionar la gestión que se ha hecho de espacios especialmente sensibles, como las residencias de ancianos. Pavoroso solo de recordarlo[98].

Otro de los «argumentos» que se escucharon en los días más duros de la pandemia fue que esta había sido causada y/o intensificada gracias al sistema productivo capitalista y que debíamos ir a otro modelo si queríamos evitar en el futuro enfermedades de tal calibre. La idea es en sí misma mala, intuitivamente hablando, pero cuando se explora su racionalidad es incluso peor. Por un lado, ha habido durísimas pandemias a lo largo de la historia de la Humanidad en momentos históricos o lugares terrenales donde no se atisbaba capitalismo por ningún lado (por ejemplo: la llamada *gripe española* de 1918). Por otro lado, el hecho de cambiar el sistema no significa que el nuevo deje de tener que enfrentarse a pandemias como la del COVID-19 o a patologías mucho peores. Además, la propia lógica dicta que es siempre mejor cambiar lo que no funcione de un modelo que cambiar el modelo entero. Lo primero es lo que hacemos todos a nivel micro de forma cotidiana: no solemos abandonar nuestro puesto de trabajo cuando tenemos la primera discusión con el compañero de turno. Esa es la realidad de las cosas. Por último, la pandemia, como cualquier otra cosa en la vida que debamos combatir, se suele hacer mejor en sistemas que producen riqueza y no pobreza o, directamente, miseria. De momento, es la economía de mercado la que se ha mostrado especialmente buena en crear riqueza y, por ende, es a partir de ella y no contra ella como tiene sentido tratar de combatir plagas. No se alcanza a ver cómo condenar a los países más depauperados a seguir siéndolo puede ayudarles a dicha empresa[99].

Otro de los aspectos que no han pasado desapercibidos fue el empeoramiento de la salud mental y, en concreto, el aumento de las adicciones a las más variadas sustancias, desde drogas conocidas hasta el juego, las apuestas o las compras por Internet. La lógica de una pandemia es que apenas hay lógica en algunas cuestiones, pero el tema de las adicciones, habiéndose abordado desde las más diversas perspectivas, todavía deja cierto espacio para un enfoque extra.

Siguiendo a Neuburger, cuando uno se encuentra con un toxicómano, uno tiene delante a una pareja: la persona y la sustancia. Para el adicto una droga no es algo, es alguien. En condiciones como las del confinamiento, las personas que cayeron en sus garras tenían, o creían tener, alguien con quien compartir momentos tan duros. En verdad, la idea del adicto es renunciar a toda relación afectiva con personas para trabarla con la sustancia de turno. De hecho, todo afecto se observa sospechoso (compite con la adicción y esta no tolera tales veleidades) y cualquier implicación interpersonal deviene en

98 Véase el análisis comparado que realiza el constitucionalista Mateos y De Cabo, Ó.I; «El derecho a la vida y a la salud de las personas mayores en la pandemia del Covid-19 y los protocolos médicos en Italia y España», *Queste Istituzioni*, n.º 2, 2022, p. 71-110.

99 *Vid.* Zamora Bonilla, J; *Contra apocalípticos. Ecologismo, animalismo, posthumanismo*, Shackleton Books, Barcelona, 2021, p. 80 y ss.

fardo pesado (la adicción se basta y se sobra). Dicho con otras palabras, y parafraseando a Baudelaire: la droga siempre es fiel mientras que las personas suelen ser incontrolables e impredecibles[100].

Dentro de las patologías que parecen haberse enseñoreado con nosotros se sitúa, sin lugar a dudas, la depresión. No obstante, no todos los planteamientos sobre esta son iguales. Neuburger nos vuelve a iluminar con pensamientos audaces. Para este médico, una depresión es pura desesperación porque dejamos de percibir un futuro y un objetivo para nuestra existencia. Hay un «fuera de juego» social en el estado depresivo que nos cuestiona constantemente sobre nuestro estado, donde se manifiesta un sentimiento de habitar un entorno insatisfactorio, amenazante, otras veces traumático, donde nuestra dignidad ha sido ultrajada o ignorada. No obstante, siguiendo a Devereux, un deprimido es un inadaptado normal, porque a la persona no es que le pase nada sino que reacciona ante un contexto y entorno que se ha vuelto loco.

Neuburger lista tres errores a la hora de comprender y tratar la depresión. El primero es pretender que el paciente se muestre equilibrado cuando lo que debería demostrar, a la luz de lo que se acaba de decir, es rabia e indignación. El segundo es enfocar el tratamiento como algo meramente farmacológico cuando el problema no es biológico sino existencial. El tercer error es acercarse de forma simplista al asunto, etiquetando todo por doquier. Neuburger se muestra implacable y certero: cuando un psiquiatra ofrece un diagnóstico está mostrando como es, no su paciente o su «patología». Es su forma de crear el mundo la que «habla», no tanto la «depresión» del que se sienta en el diván. Neuburger ofrece razones atendibles, y es que aborda casos clínicos donde, durante el tratamiento, se dio cuenta de que lo que tenía ante sí no era una enfermedad sino un síntoma. En la enfermedad los enfermos no tenemos nada que decir, ni poder sobre ella. Se nos trata y punto. El síntoma ofrece una lectura muy diferente: ¿qué trata de comunicarnos el paciente a través de su comportamiento depresivo? El síntoma no cae del cielo ni de los genes. No pocas veces, se trata de devolver a los pacientes un sentimiento de dignidad, de sentirse útiles y de fraternizar. Por eso remata nuestro psiquiatra con la siguiente frase: la finalidad de la psiquiatría no es la salud sino la dignidad[101].

4. Cuando la política se encontró a la ciencia

Una de las cuestiones que más afecta cotidianamente a los ordenamientos constitucionales es la convivencia entre ciencia y política. Si el contexto es una pandemia mundial, la situación se vuelve difícilmente manejable por motivos obvios: al poder le interesa el discurso científico si puede capita-

100 *Vid.* NEUBURGER, R; *Existir. El más íntimo y frágil de los sentimientos*, Kairós, Barcelona, 2022, p. 102 y ss.

101 NEUBURGER, R; *Existir...*, cit, p. 126 y ss.

lizarlo. De lo contrario, rehúye siquiera introducirlo en la agenda política o busca otro discurso científico que haga la cobertura a sus intereses y posiciones. O, peor aún, destruye las posibilidades de que científicos todavía preocupados por el buen hacer que su ciencia les exige, mediante el castigo con el arsenal punitivo de turno[102].

El mundo científico ha tenido un protagonismo importante a la hora de conocer el virus que debíamos combatir. Pero los científicos no son ajenos a las discusiones de su tiempo. Además, si las afirmaciones científicas son contundentes, el poder político suele huir de ellas, porque desnuda sus carencias y deja al descubierto lo que no son sino dogmas mejor o peor construidos.

Téngase en cuenta también que la incertidumbre no afecta por igual a todas las disciplinas científicas. Por ejemplo, en química y en física es relativamente sencillo establecer las variables y seleccionar los factores que se quieren estudiar. En sistemas complejos y azarosos, como los sociales o los biológicos, ni es fácil ni, en muchas ocasiones, siquiera posible fijar variables y aislar efectos. Dicho con otras palabras: no es extraño, desde el criterio científico, que las predicciones epidemiológicas tengan mucha incertidumbre.

No es el único factor de distorsión. Debemos descontar también los sesgos ideológicos, políticos, religiosos o morales de los científicos. Aquí la respuesta que suele darse es que el propio sistema científico se autocorrige cuando funciona bien y acaba por expulsar las investigaciones sesgadas a favor de las no sesgadas. Pero eso lleva tiempo y, en pleno azote de una pandemia mundial, tiempo era justo lo que no nos sentíamos muy proclive a otorgar, pues queríamos volver a la normalidad cuanto antes.

Finalmente, no podemos eludir un hecho incontrovertible: en última instancia las decisiones son políticas. Y ha habido diferentes actitudes ante los informes científicos que iban llegando. Algunos líderes políticos tuvieron una veta marcadamente intelectual y otros todo lo contrario. Hubo países que confinaron mucho tiempo, otros menos y otros mucho menos. En algunos, las mascarillas eran opcionales y en otros muy obligatorias (cuando, como en España, pasamos en apenas un par de semanas de escuchar el discurso gubernamental de que no hacía falta mascarillas a imponerla en todos los espacios). En líneas generales, las poblaciones se comportaron de forma

102 Esto sucedió en Estados Unidos, cuando un grupo de científicos, médicos y funcionarios de salud pública crearon una cadena de correo allá por enero de 2020 para compartir preocupaciones sobre un virus que venía de China. Mostraron desde el primer momento la necesidad de tomar cartas en el asunto a la mayor prontitud y de manera integral. La administración federal, bajo la batuta política y siguiendo directrices interesadas a los efectos, silenció primero y reprimió después los avances y datos que fueron recabando y que hubieran mejorado sensiblemente la situación que luego desembocó en miles de muertes diarias. Es un ejemplo que debería hacernos reflexionar en profundidad. Se explica con todo lujo de detalles en BECKERMAN, G; *Antes de la tormenta. Los orígenes de las ideas radicales*, Crítica, Barcelona, 2023, p. 253 y ss.

cívica y no ha habido grandes disturbios que anotar, lo cual es para congratularnos. No siempre que desde arriba dicen que jarrea el pueblo se empapa[103].

5. La infodemia campa por sus respetos

Otra de los aspectos que más polémica han generado es la llamada infodemia, plaga a su vez intensificada gracias al tratamiento mediático que se ha dado del COVID-19. Explicado el fenómeno muy en corto, este sería algo así como la intoxicación de información que sufrimos cotidianamente, acentuado gracias a las redes sociales en particular y al fenómeno Internet en general. Antiguamente, allá por los años ochenta y noventa del siglo pasado, el discurso público se manejaba desde pocos medios y, en consecuencia, la homogeneidad solía ser la norma, aun divididos por bloques ideológicos (o, mejor dicho, empresas que venden una línea editorial conforme a esta o aquella ideológica). Ahora, con la implosión de medios, redes y personas con dispositivos conectados a Internet, vivimos constantemente absortos en una vorágine de información. Tan desinformador es no gozar de información como tener demasiada o tenerla repleta de bulos, mentiras y medias verdades.

Esta tendencia se exacerbó con la pandemia provocada por el COVID-19. El sistema de difusión social de la ciencia forma parte tanto de la ciencia como de la sociedad, por lo que los fallos en la comunicación de los avances científicos afectan tanto a la primera como a la segunda. Nadie duda que el volumen de información que el ciudadano medio ha recibido ha sido ingente y abrumador. Daremos un dato ilustrativo: no habíamos alcanzado el primer año de la pandemia y ya se habían publicado ciento veinticinco mil artículos sobre la misma[104].

No se atisba cómo esto puede ser positivo. Las consecuencias han sido palpables: angustia, inseguridad, alarma. A veces soflamas políticas incendiarias. A veces la presunta orquestación de un plan («plandemia») que tiene que ver con oscuros gobiernos en la sombra. Al introducir tal confusión, el ciudadano acaba por no saber en quién confiar si es que puede o debe confiar en alguien. Es terreno fértil para la manipulación y las teorías de la conspiración.

Pero conviene no olvidar que también las características inherentes de la ciencia tienen que ver con esta pauta porque la ciencia tiene carácter contingente y provisional. Y por ende, siempre será hasta cierto punto discutible los resultados que nos ofrezcan. El propio espectro científico también observó una nutrida variedad de criterios sobre las cuestiones elementales, hecho que no ayuda a formarse una opinión razonable sobre lo que sucede. El *cherry-picking* también alcanzó a la comunidad científica.

---

103 Las reflexiones anteriores pueden consultarse, con la amplitud y el desarrollo necesarios, en PÉREZ, J.I; y SEVILLA, J; *Los males de la ciencia*, Pamplona, 2022, p. 220 y ss.

104 *Vid.* PÉREZ, J.I; y SEVILLA, J; *Los males...*, cit, p. 225.

Desde algunos sectores de la comunidad filosófica española se ha intentado explicar esto con cierta profundidad. Partiendo de la base de la infomanía que padecemos (adicción al móvil y estar constantemente informa *de lo que pasa*). Los gobiernos y los medios han manejado de forma nefasta la información en pandemia. El apocalipsis sanitario cotidiano se mezcló con el apocalipsis por doquier. Tal y como dice Gúmpert, tenemos sobradas razones para recelar de los discursos oficiales, tanto gubernamentales como mediáticos. Por no mencionar que la mayoría de los lectores, acostumbrados a leer en *scroll* y quedarse en el titular, no logran identificar dónde están las voces de autoridad. Y esa es otra de las preguntas más interesantes que surgen al hilo de este debate: ¿dónde ha quedado la autoridad? Los medios decidieron ignorar al verdadero experto por el presunto experto que, casualmente, estaba claramente inclinado hacia esta o aquella postura ideológica.

Tampoco hay que perderles la cara a algunas disfunciones individuales, por decirlo así. Tenemos cierta aversión a ver echadas por tierra nuestra creencias, de ahí que elijamos no pocas veces leer o ver fuentes de información que nos confirmen lo que pensamos, no aquello que desmonte nuestra visión de la vida. Si a lo anterior le añadimos que la frontera entre verdad y mentira ha llegado a tener una gran zona difusa y confusa entre medias, también llamada «posverdad», el fresco que obtenemos como resultado es, como poco, confuso.

Este es el caladero perfecto para la filosofía posmoderna, esa que dice que la verdad es líquida y la voluntad fuerte. Que las emociones y sentimientos deben primar sobre todo y, así, cada cual pueda construir su propio relato. El individuo es el centro de todo y hay una auténtica explotación (tanto auto-explotación como sobre-explotación) del yo. Se ve hasta en los más mínimos detalles y quizá lo más pernicioso es que tales patologías se recubren con el manto de libertad y así la operación resulta perfecta. Si ya no existe ninguna figura de autoridad, el todo vale se observa como horizonte no solo posible sino legítimo y deseable. Es por eso por lo que las «nuevas clerecías» intentan coger posiciones para predicar su moralidad y —esta es la parte más dura y peligrosa— imponer sus valores al resto de la sociedad. Pie en pared, que dice Gúmpert y probablemente tenga razón[105].

Va de suyo que esta cuestión de la autoridad admite enfoques diferentes. Sobre todo si tenemos en cuenta la existencia de lo que Rolf Dobelli llama *sesgo de autoridad*. Desde el origen de los tiempos se nos ha dicho que la desobediencia a la autoridad se castiga con la expulsión del paraíso, lo que significa, dicho en otros términos, que desobedecer es malo y acarrea consecuencias siempre malas, cuando no nefastas, en forma de castigo.

---

105 Véase Gúmpert, M; *Infodemics, posverdad y la sociedad que viene*, Ciudadela, Madrid, 2022, p. 185 y ss.

Somos indulgentes con los criterios de los expertos, pero la realidad demuestra que incluso ellos pueden fallar por los más diversos motivos. Aun así, tendemos a seguir su corriente de opinión. «Si lo dice un experto, así será» es el pensamiento tipo. Pero ya sabemos desde el *experimento Milgram de 1961* que la obediencia ciega a la autoridad suele abocar al desastre. Por no mencionar que existen ciertas modas de expertos, en función de cada época histórica, que es otra forma de decir y constatar cómo las voces de autoridad van cambiando. Mucho nos tememos que en lo peor de la pandemia, jóvenes y no tan jóvenes hacíamos más caso de youtubers e influencers que de epidemiólogos, biólogos o químicos. El poder político se solía escudar en los criterios de estos últimos (en unos pocos, claro está, en concreto en aquellos que hacían de cobertura a sus tesis, no a los que las contradijeran). Hay una moda de autoridad y la sociedad la sigue encantada. De ahí que se desatara la lucha por la mascarilla en el vagón de metro pero no en el andén.

No es el único sesgo que se dio en plena pandemia. Dado que no teníamos apenas información decidimos utilizar la que había, más allá de que fuera veraz o no (*sesgo de disponibilidad*). Mejor un plano falso que ninguno. Pretendíamos darle un relato de coherencia y unidad a la enfermedad. Deseábamos darle sentido. Dado que empezamos a entender el mundo con relatos antes que con información científica, el sesgo del relato no nos abandona, lo que nos lleva a obviar los hechos abstractos y a reconocer que no los comprendemos. Tampoco dejó de darse el sesgo de retrospectiva: pasado lo peor, empezamos a construir la explicación en torno a la necesidad razonable: la pandemia tiene que ver con el virus salido de un laboratorio chino; al vivir un mundo globalizado, con viajes, aviones y conexión mundiales a diario, se propagó; al propagarse, se convirtió en pandemia; al ser una pandemia, los gobiernos «tuvieron» que encerrarnos; y así sucesivamente hasta hilar una suerte de novela hacia atrás que nosotros creemos que no tiene nada de novelesco y sí de real. Nada más lejos de la realidad.

La pandemia observó como un creciente número de personas opinaba de absolutamente todo. Tanto expertos como inexpertos. Dobelli explica las dos clases de conocimiento que existen, para atribuir a la segunda —«conocimiento de chófer»— la pauta que seguimos a menudo: fingimos saber pero no sabemos de verdad. Ese tipo de actitudes representan un papel, con mucha palabra vacía, intentando hacer ver que conocen cosas de las que en realidad nada saben. El sabio auténtico, ese que se ha pasado la vida dedicando mucho tiempo y trabajo y esfuerzo intelectual al conocimiento, suele decir «no lo sé» con orgullo. Incluso en plena pandemia, echamos en falta que alguien al mando hubiera dicho lo que a todas luces era la realidad: no sabemos cómo enfrentar esto, pero lo vamos a intentar con todo lo que tenemos a nuestra disposición. Y dejar que lo demás suceda. Todo lo contrario a nombrar Comisiones de Expertos que años después se demostraron que sólo intentaron hacer ver que había alguien «intelectual» o «sabio» al volante, cuando la realidad nos ha demostrado que no ha existido ni un mísero informe o trabajo de dicha Comisión que echarse a la boca. Por no mencionar que en dentro de la lógica grupal se consigue diluir tanto la responsabilidad como la pereza o incompetencia individual[106].

6. Concentración rota y estrés constante

Caben pocas dudas acerca del hecho de que vivimos desde hace lustros un deterioro de la capacidad de concentración y de atención mientras que a la par que nuestros niveles de estrés, ansiedad y nerviosismo se han disparado, con las consecuencias inevitables para nuestra salud mental y física.

Un analista como Johann Hari ha estudiado la relación entre el COVID-19 y nuestra cada vez menor capacidad de atención. Muy en los inicios de la pandemia muchos creíamos, o así lo decíamos, que de esa «aventura» saldríamos mejor. Algún lema gubernamental hubo en ese sentido («Salimos más fuertes»). No poca gente creía que tendría más tiempo, se liberaba de ir a diario al trabajo, y de la presión de pasar toda la jornada laboral sentada en su escritorio (aunque Hari no parece asumir que eso ha sido, es y será la vida adulta). La realidad vino a demostrar hasta qué punto estábamos equivocados. Las horas laborales aumentaron, entre dos y tres horas al día en diversos países occidentales. Reuniones interminables vía *Zoom*. Cierta inseguridad laboral, por el hecho de creer (o de saber a ciencia cierta) que tu puesto de trabajo zozobra.

Es verdad que la pandemia nos ha enseñado algo sobre la tan cacareada semana de cuatro días. Que los negocios pueden reinventarse sobre la marcha y no cerrar la persiana. La tarea salía adelante. Nos parecía que el trabajo era algo fijo e inamovible y nos dimos cuenta sobre la marcha de que no era tan así. Hubo factores adicionales, pues, que estaban interactuando con la supervivencia a nivel más extremo.

Vivimos todo aquello con mucho estrés y el estrés no suele traer nada bueno: genera impotencia, rabia, frustración y, en no pocas ocasiones, una falta de atención y un severo daño a la concentración. Nada bueno hay en estar nervioso constante y estructuralmente. Lo cual es ligeramente diferente a estar alerta, pues la pandemia activó nuestros sistemas de alarma, que son los indicadores que utiliza el cerebro para notar que hay un peligro cerca e intentar evitar, o en su caso disminuir, los riesgos que este acarrea.

Estamos diseñados por defecto para sobrevivir, le pese a quien le pese; pero sucede que eso, en situaciones excepcionales, cobra extraordinario relieve por la intensidad que demanda la situación límite. No tener las cosas

---

106 Las anteriores ideas se toman de uno de los libros más interesantes que el autor de estas páginas haya podido leer. Hablamos de Dobelli, R; *El arte de pensar. 52 errores de lógica que es mejor dejar que cometan otros*, Penguin Random House, Barcelona, 2016.

bajo control es una de las constantes históricas de la humanidad y aun así, a nivel individual, nos cuesta un mundo asumirlo y vivir con ello[107].

Permítasenos hacer una reflexión adicional en torno a este tipo de problemas, de la mano de Maryanne Wolf. La autora parte de esa máxima que reza como sigue: el desacuerdo es el lugar donde el hierro con hierra se afila, citando a Santo Tomás de Aquino. A partir de ahí elabora un canto a la lectura repleto de preocupación, ante la observancia de una serie de disfunciones que tenemos a la hora de leer con cierta profundidad. Que vivimos tiempos de superficialidad lectora no parece una conclusión que yerre el tiro. La profundidad lectora nos ofrece la posibilidad de acceder a visiones del mundo diferentes a las nuestras y volver engrandecidos. Entramos en la vida de otros, les entendemos, nos horroriza lo que hacen; en fin, pasamos a desarrollar la empatía y la comprensión de otras formas de actuar. El acto de leer modifica nuestra conciencia. La frase que legó para la posteridad C.S. Lewis es una constante en cualquier momento histórico: leemos para saber que no estamos solos.

No pocas veces, es la única forma de conocer a personas fuera de nuestro círculo más íntimo. Leer nos obliga a examinar nuestros propios prejuicios y los de los demás. Entender el punto de vista de otros seres humanos (nótese: entender, o sentir, o sufrir, o ver, o justificar, o deplorar...) nos permite tratar a los demás en la vida real de modo más compasivo. ¿Será casualidad que en este contexto de frenesí lector superficial el declive en los niveles de empatía hayan descendido? No lo parece. Necesitamos recuperar la comprensión más profunda del otro. Conocimiento y sentimiento yendo de la mano. Cada vida es una auténtica enciclopedia, una biblioteca inconmensurable que nos abre las puertas a un mundo completamente nuevo y, a la vez, muy parecido al de cualquier otro ser humano.

Se deja sentir en estas cuestiones un efecto Mateo: quienes más leen más recursos adquieren para disfrutar e interpretar las siguientes lecturas. Y a la inversa: quienes no lo hagan, más a oscuras estarán y más cosas se perderán. No sabremos lo que no sabemos. Eso es peligroso y destructivo, pues nos deja indefensos ante manipulaciones, noticias falsas y bulos variados. Leer no es absolutamente profiláctico, claro está, pero pertrecha mejor para los vendavales cotidianos que se desatan ahí fuera.

A día de hoy estamos tan inundados de información que el ciudadano medio norteamericano lee a diario el mismo número de palabras de una novela. Además, es un tipo de lectura que no es continua, sostenida o concentrada. Leemos a espasmos explosivos. La información como divertimento o distracción no augura nada bueno en lo que hace a crear ciudadanos medianamente conscientes de la sociedad en la que viven. Se está sembrando el terreno para que cada vez sea más fácil que lo posthumano o transhumano se abra paso.

107 Véase la lectura que hace sobre el particular AMAT, V; *Psicología punk. Contra el pensamiento positivo y naif*, Penguin Random House, Barcelona, 2022, p. 37 y ss.

Simplificamos. Optimizamos. Nuestra necesidad de saber se ve sometida al asedio de la necesidad de ahorrar y ganar tiempo. La lectura digital se basa en ojear y/o leer por encima, surfeando el texto. Recordemos, junto al crítico literario Michael Dirda, que los libros son verdaderos hogares en cuanto objetos físicos que podemos amar y proteger. La dimensión física ofrece algo tangible. No nos debe preocupar que las máquinas sean cada vez más humanas: debería preocuparnos que nosotros acabemos convirtiéndonos en una. Este patrón superficial de lectura se deja ya sentir en la escritura. Tampoco hay buenas noticias para esta. Quizá más pronto que tarde dejemos de reconocer la belleza en lo que está escrito.

El sesgo de novedad. La necesidad de compartirlo todo al instante. La hiperatención constante, que nos vuelve prácticamente adictos a la estimulación sensorial constante.

7. La ignorancia no siempre es mala

También son relevantes las tesis que defiende la profesora Salecl. Esta jurista, en verdad polímata que cultiva adicionalmente la sociología, la filosofía y hasta el psicoanálisis, defiende la idea central de que los seres humanos solemos ser más ignorantes que sabios y eso, por raro que resulte a según qué mentes, no es para nada malo *per se*. Admitir que no sabemos es una de las cosas más saludables que nos puedan suceder, siquiera porque sirve de acicate para abandonar tal estado[108].

Renata Salecl ha escrito un libro donde conjuga tal aserto con la pandemia ocasionada por el COVID-19[109]. A comienzos del 2020, la información existente sobre el virus era insuficiente. Los gobiernos no acusaban recibo. Reinaba una ignorancia genuina acerca de qué íbamos a enfrentar. Incluso cuando se empezó a saber lo que sucedía y la magnitud de los hechos tuvimos que ver un desfile de distintos líderes políticos que negaban, minimizaban o eludían la gravedad del asunto. Al «esconder la cabeza bajo el ala», en expresión de la propia autora, por razones económicas y políticas de diversa índole, los Gobiernos acabaron contribuyendo a generar más caos, más contagios y, eventual pero inevitablemente, más enfermedades y más muertes[110].

---

108 Son interesantes los trabajos compilados en Proctor, R.N; y Schiebinger, L (eds.); *Agnotología. La producción de la ignorancia*, Prensas de la Universidad de Zaragoza, Zaragoza, 2022.

109 *Vid.* Salecl, R; *Pasión por la ignorancia. Qué elegimos no saber y por qué*, Paidós, Barcelona, 2023.

110 En un trabajo original y nutritivo como pocos, el profesor Proctor desmenuza los diferentes tipos de ignorancia para llegar a la conclusión de que el poder tiende a elaborar para el ciudadano una ignorancia consciente. En otras palabras, todas aquellas ruedas de prensa, con cifras, datos, estadísticas, medidas excepcionales y un largo etcétera generaban más ansiedad y preocupación que tranquilidad y seguridad. El subtexto venía a ser: «déjennos

Las autoridades chinas impusieron una cuarentena estricta gracias a un sistema de vigilancia masiva basado en la recopilación también masiva de datos obtenidos por compañías de teléfono móvil mediante rastreos de la población así como de las cámaras públicas que reconocían facialmente a la población. En Irán se aconsejó a la población instalar una aplicación en sus teléfonos que presuntamente ayudaba a detectar síntomas del virus. La aplicación en realidad servía para seguir los movimientos de las personas y transmitir dicha información al gobierno iraní. En Corea del Sur, los movimientos de la ciudadanía se controlaron («monitorizaron»), empleando los datos de GPS de los móviles, el uso de las tarjetas de crédito y las entrevistas que se hacía a las personas infectadas, donde se les preguntaba por sus movimientos. Israel no tuvo empacho, allá por 2020, en imponer una serie de medidas de emergencia entre las que se contaban permitir a su servicio de seguridad interior (Shin Bet) acceder a los datos sobre ubicación de los móviles de personas con el virus con la particularidad de que accedieron a conocer lo que hicieron esas personas...dos semanas antes de la fecha estimada de contagio.

La ignorancia que al principio demostraron muchos países, cuenta Salecl, fue la que paradójicamente trajo todas estas medidas de vigilancia y control masivos de la población, que pasarían con serias dificultad un mínimo test constitucional. Primero se optó por la ignorancia. Eso elevó los niveles de ansiedad y angustia de la población. Al tener que emplear medidas excepcionales de control, la gente estaba tan atemorizada que consentía explícitamente que se recopilaran sus datos con tal de intentar «ganar la batalla del virus» (¡cuánto lenguaje bélico se empleó en aquellos días infaustos!).

El peligro, con todo, no es actuar como se actuó. Es el hecho de que los gobiernos nunca vuelven a la situación previa a imponer esas medidas excepcionales. Siempre se recorre un trecho más amplio y ahí pretende quedarse. Como demostramos querer sacrificar nuestros derechos individuales en aras de combatir (de nuevo: guerra) el virus, más dispuestos estaremos en el futuro que ya es presente a dejar que los gobiernos vulneren nuestra privacidad con la esperanza sincera de frenar los contagios (o de luchar contra los virus que vengan pro futuro, sean de la índole que sean). Han aprovechado la coyuntura, a izquierda y derecha, para ello. Nos vigilan, siempre fue así, por nuestro bien. El COVID-19 ha intensificado la pulsión *schmittiana* de buena parte de los gobiernos democráticos occidentales.

Estos gobiernos hicieron cosas que todavía hoy resultan escalofriantes. Muchos de estos ejecutivos negaron públicamente la existencia del COVID,

a nosotros, pues sabemos cosas que ustedes no deben saber, por el bien de su integridad física y psíquica». *Vid.* Proctor, R.N; «Agnotología. El término que faltaba para describir la producción cultural de la ignorancia (y su estudio)». En Proctor, R.N; y Schiebinger, L (eds.); *Agnotología. La producción de la ignorancia*, Prensas de la Universidad de Zaragoza, Zaragoza, 2022, p. 49 y ss.

como si su población no corriera el mismo riesgo —ni fuera a correr la misma suerte— que el resto del mundo donde ya se intentaba reaccionar en tiempo real a la amenaza. Denegación, negación e ignorancia proliferaron. Corea del Norte llegó a decir que no tuvo un solo caso. Algunas autoridades rusas catalogaron fallecimientos por coronavirus como decesos por neumonía (consiguiendo ocultar que los médicos carecían de material sanitario para tratar la pandemia). Erdogan aceptó algunos casos aislados de ciudadanos turcos ante lo que la prensa nacional llegó a publicar que eso era debido a que los genes turcos hacían que la mayor parte de la población estuviera inmunizada. Bolsonaro aprovechó para declarar que el COVID sería un pequeña molestia para sus compatriotas contagiados y López Obrador no creía que el virus tuviera «tal» propagación, animando a los mexicanos a seguir llenando los restaurantes. Boris Johnson aseguraba que seguía dando la mano a la gente días escasos días antes de saber que estaba contagiado.

En conclusión, «la creciente cantidad de información disponible sobre la difusión de la infección por todo el mundo no frenó ni la ignorancia ni la negación. En algunos casos se trataba de una ignorancia estratégica, pues no atender a lo que estaba ocurriendo permitía la continuación de la actividad económica, al menos durante algún tiempo»[111].

También surge la duda, inevitable, de los motivos que puede haber detrás de las personas que propagan bulos, medias verdades o falsedades directamente. Sobre todo noticias falsas. Cuando una serie de politólogos investigaron el particular llegaron a la conclusión de que las personas que habían respondido a sus preguntas querían provocar indignación el difundirlas. Algunos confesaban «disfrutar» el caos que generaban. Casi el 25 % de las más de seis mil personas encuestadas llegaron a decir que la sociedad debía ser reducida a cenizas. La única razón plausible que los investigadores encontraron para explicar tal respuesta era que las personas sentían ser excluidas de una sociedad injusta y discriminatoria. Dicho en términos freudianos, la pulsión de verlo todo morir para verlo nacer de nuevo, *ex nihilo*. Por eso hemos encontrado a personas que hallan placer en el hecho de exponerse al virus, al igual que en tiempos se documentó la realización de las llamadas «fiestas con regalo», donde estaba en juego contraer sin saberlo el virus del SIDA.

8. Desde la Filosofía del Derecho

Desde la filosofía del Derecho se han hecho algunas reflexiones que merece la pena destacar. La profesora Martínez-Sicluna ha explicitado las consecuencias, de todo orden, que se han dejado sentir no solo en lo peor de los tiempos pandémicos sino también en lo que estos han dejado desde el punto de vista

111 SALECL, R; *Pasión por la ignorancia…*, op. cit, p. 176.

político: pecios apenas disimulables[112]. Un vaciamiento sin igual de la política, ahondando en el proceso ya abierto desde hace décadas en las sociedades occidentales, incapaces de frenar, paliar y mucho menos evitar o soslayar su propia decadencia. Una sociedad donde prima el miedo a sufrir, el temor cerval al sufrimiento indecible que genera el propio sufrimiento. Una clase política ávida de *likes*, que distorsiona la realidad a conveniencia y prefiere a un ciudadano convenientemente anestesiado antes que consciente.

Lenguaje *woke* y corrección política por doquier, lo cual busca (ojalá que no consiga) cercenar todo atisbo de libertad por parte del ciudadano. Un modelo social igual de descompuesto que el modelo político. La ideología globalista que pretende entrar cual cuchillo en mantequilla en la vida privada de los ciudadanos. Dicho sin ambages: una tentación totalitaria sin disimulo, ejemplificada en instituciones como la Unión Europea, por momentos heredera y correa de transmisión de la Unión Soviética[113].

El profesor Carabante también ha contribuido al debate[114]. No es deudor de las peceras de cristal tan típicas de este nuestro mundillo académico («no se trata de enjuiciar la acción médica desde la comodidad, casi siempre poco comprometida, de la cátedra») sino de una reflexión filosófica de hondura para arribar en algo que se le antoja meridiano: el hombre nunca se enfrenta desnudo a la desventura pues somos animales culturales preñados de sentido y códigos morales. Al igual que el observador medio sabe y siente que vivimos en medio de una crisis moral de consecuencias impredecibles que será difícil remontar, no es menos cierto que ha brotado de esta crisis pandémica una atención al cuidado de otros, atención al que lo necesita y auxiliar al prójimo. Esto tiene cierto potencial emancipador pero, en realidad, alimenta la vena comunitarista más que la individual porque es un deber social implicar a todos en la defensa de la persona.

Por más que algunos todavía quieran proscribir del debate a quienes tachan inmisericordemente de «conspiranoicos», no pueden arrumbarse algunos de los argumentos que las personas así estigmatizadas han difundido. Lo cierto y verdad es que el virus existe y provoca efectos devastadores para la salud. Veamos lo que dice uno de sus conspicuos representantes, el profesor De Castro: «Sin embargo, aceptar su existencia no supone olvidarse de todo lo que ha rodeado su aparición, pues ahí está la clave de un drama global en el que además de las víctimas humanas y de la tremenda crisis social y econó-

---

112 Véase Martínez-Sicluna Sepúlveda, C; «La pandemia como política». En Martínez-Sicluna Sepúlveda, C; y Carabante Muntada, J.M.ª (eds.); *Pandemia y Estado de Derecho*, Tirant lo blanch, Valencia, 2022, p. 19 y ss.

113 Véase Dreher, R; *Vivir sin mentiras. Manual para la disidencia cristiana*, Encuentro, Madrid, 2021.

114 Véase Carabante Muntada, J.M.ª; «Pandemia y ética del cuidado. Bosquejo de una antropología del ser doliente». En Martínez-Sicluna Sepúlveda, C; y Carabante Muntada, J.M.ª (eds.); *Pandemia y Estado de Derecho*, Tirant lo blanch, Valencia, 2022, p. 333 y ss.

mica en forma de «coronashock» que se no ha venido encima, están todos aquellos actores cuya responsabilidad en la aparición y difusión de esta pandemia está aún por dirimir»[115].

9. El tiempo y la esperanza

Una breve nota sobre la noción del tiempo en el marco pandémico y, sobre todo, respecto del marco temporal que impuso el confinamiento. Todos los que sufrimos una medida tan drástica nos vimos interpelados por la realidad que nuestros días imponía sobre nuestros hijos, nuestros padres y nuestros amigos. Para muchas personas que se dedican a un trabajo eminentemente intelectual (entiéndase: todo trabajo es intelectual, sólo que algunos lo son un poco más que otros), surgió la necesidad que abrir una ventana al mundo. Músicos ofreciendo conciertos en *streaming*, personas escribiendo sus reflexiones en cuentas de Twitter o Instagram, diarios compartidos, directos en YouTube y un largo etcétera. Necesitábamos conectar con nuestros semejantes, que nuestra voz fuera oída (aunque no fuera escuchada, eso daba igual), saber que no estábamos solos en ese trance. Sabernos parte de algo más grande que nosotros mismos desde la esperanza y la fe.

A este respecto hemos encontrado algunas ideas meritorias en el pensamiento de la escritora Zadie Smith en torno a ese mantra de «hacer algo». Smith es de las que piensan que nos hemos enfrentado de pronto al problema del tiempo. Lo sorprendente fue el conflicto que causó tal cosa al inicio del confinamiento. La nueva libertad o cautividad nos llevó a pensar si acaso se nos había olvidado parar y contemplar. Como muchos de nosotros somos de la opinión de que el trabajo es un deber, seguimos trabajando a destajo en el confinamiento. Escribimos libros, diarios, columnas, informes, dictámenes, reseñas y lo que se nos ocurriera. Quizá para alimentar la sensación de que estábamos haciendo algo que conseguía sobreponerse a la locura que se había desatado *ahí fuera*. Para mantener la ilusión de que teníamos el control, siquiera cierto control.

Según la escritora, incluso en esa tesitura, había personas que se culpaban: «te estás aprovechando de una situación extrema como si fuera de otra oportunidad para realizarte o superarte». Creo que eso es buen ejemplo de auto tortura: sólo intentábamos no perder comba, darle sentido al sinsentido, conectar con otros mediante el «hacer cosas». Para mentes como la de Zadie Smith, pareciera que los «privilegiados» tuviéramos que pedir perdón constantemente ante lo infecto de nuestros privilegios y de nuestra posición social tan privilegiada. Como si la pandemia no fuera contra nosotros, o con-

115 *Vid.* De Castro, J.A; *No sólo es Soros. La amenaza del globalismo totalitario en tiempos del coronavirus*, Homo Legens, Madrid, 2021, p. 206 y ss.

tra nuestros seres queridos. No podíamos escribir, ni pensar, ni nada que se asemejara a superar el trance de la mejor forma posible. Debíamos seguir cavando el hoyo que nos corresponde, especialmente a los hombres blancos, occidentales, heterosexuales, cis.

Según Smith, el principal problema que sentía era que descubrió que gran parte de su antigua vida era un intento de esconderse de la vida. La frase tiene su miga literaria y en ese sentido resulta de calidad. Lo que es más cuestionable es que pretenda hacernos comulgar con ruedas de molino. Claro que ya se encarga ella de despejar las dudas: «Confrontada con la existencia a palo seco, sin distracciones, adornos ni superestructuras (¿?), apenas tenía idea de qué hacer con ella». Se inventaba metas difíciles o se abstenía de hacer según qué cosas, a modo de límites artificiales. Presenciaba cómo cumplía su propia condena. Pero se da cuenta de la poderosa redención que ofrece el amor. ¿El motivo? Merece la pena transcribirlo literalmente:

> «Amar no es algo que hacer, sino algo que experimentar y vivir; supongo que por eso a tantos nos asusta, y tan a menudo lo abordamos con indirectas: toma esta novela (hecha con amor), toma este bizcocho de plátano (hecho con amor). Claro que, si no fuese por esta costumbre de ir por caminos indirectos, no habría cultura en el mundo, y muy poco placer realmente significativo para ninguno de nosotros»[116].

No podemos sino apoyar y aplaudir esas palabras, por lo demás nada que no supiéramos desde que el cristianismo civilizó a millones de personas a lo largo y ancho de Europa. Seguimos siendo Roma en Occidente.

10. El COVID-19, la derecha y la izquierda

Parece bastante claro que el virus fue producto de un experimento que se descontroló en un laboratorio chino. La cuestión no es por qué sucedió tal cosa sino para qué. ¿Qué estaban investigando? ¿Qué fines perseguían? ¿Con qué y cómo experimentaban?

Para el dramaturgo David Mamet, sin duda que estamos ante hechos con una vertiente netamente política. De hecho, Mamet cree que la izquierda trató en EEUU el confinamiento, medida legítima pero equivocada ante un virus, como un cierre político. De cara a las elecciones de 2020, se exhibieron dos caras donde se daba a elegir al pueblo: si ganaban los demócratas, la economía se abriría de nuevo, las restricciones decaerían y la vacuna sería una realidad casi a la vuelta de la esquina. Si ganaba Donald Trump, los disturbios y los saqueos volverían, y la delincuencia y las revueltas (llamadas

116 *Vid.* Smith, Z; *Contemplaciones*, Salamandra, Barcelona, 2020, p. 43.

«protestas» por los demócratas) campparían a sus anchas. La paz en la esclavitud o la rebelión armada. Ese era el marco mental con el que se operaba en aquellos días[117].

En España, durante el confinamiento no trascendió ningún tipo de intentona rebelde. Quizá porque había un Gobierno sedicentemente de izquierdas y la calle, ya se sabe, tiende a ser de izquierdas. Solo hubo un pequeño conato de contestación ciudadana en un barrio madrileño pero la prensa adicta y afecta al régimen se encargó de explicar que estábamos ante «la Revolución de los Cayetanos». O algo así. Quienes fuimos a ver de primera mano lo que allí trascendía observamos con estupor cómo había más furgones de los antidisturbios policiales (¿?) que personas en la calle.

No es menos cierto que buena parte de la rebeldía que se vende hoy es puramente *woke*, no solo no hace daño al sistema sino que lo legitima y lo mejora. Sus críticas sacuden sin misericordia a instituciones que carecen hoy día de poder y dejan libres de todo cuestionamiento al poder realmente establecido. Son sistema, en pocas palabras. Nunca fue tan fácil ser rebelde: pintarse las uñas del color de la bandera trans y cosas similares. El Estado como macho violador es el mismo Estado al que le pedimos cuotas y subvenciones y leyes a la medida de nuestros delirios ideológicos, eso sí, muy progresistas (de boquilla, porque luego en la práctica son conservadores para con sus privilegios)[118].

117 *Vid.* Mamet, D; *Himno de retirada. La muerte de la libertad de expresión y por qué nos saldrá cara*, Deusto, Barcelona, 2023, p. 136 y ss.

118 Vid, Laje, A; *Generación idiota. Una crítica al adolescentrismo*, Harper Collins, México, 2023, p. 281 y ss.

CONCLUSIONES

El trabajo que hemos esbozado en páginas anteriores, sin duda de naturaleza ecléctica y quizá algo dispersa, nos mueve a abordar ahora unas reflexiones finales a modo de conclusión que se apartarán un tanto del formato conclusivo típico de los trabajos académicos pero que, en esencia, comparte comparte su fondo.

La primera reflexión que surge es que, en verdad, no existe Derecho alguno preparado para combatir un acontecimiento de tanta magnitud como una pandemia. En el mejor de los casos existirán lineamientos generales que podrán conducir a establecer reglas mínimas de convivencia y de gestión, también en tiempos difíciles (especialmente en tiempos así). Quizá lo único bueno de una pandemia es que cometeríamos menos errores en la siguiente. Y albergamos serias dudas, porque al fin y al cabo los humanos, humanos somos.

La segunda reflexión es que la preponderancia del Ejecutivo ha quedado demostrada una vez más, tanto a nivel nacional como comparado. Su dominio sobre el resto de poderes constituidos ha sido tal que no ha habido recato en vulnerar los derechos y libertades fundamentales de sus ciudadanos. Se ha actuado *praeter constitutionem* y *contra constitutionem*. Una vez más, nuestra Norma ha sido preterida, realidad también patente en algunos Estados democráticos (pero no todos). El aroma del «puñetazo en la mesa» schmittiano ha retumbado en las salas (videoconferencias) de los Consejos de Ministros.

La tercera reflexión se ciñe al ámbito español. Y es que las principales decisiones que tomó el Gobierno liderado por Pedro Sánchez fueron declaradas inconstitucionales. El nombramiento del vicepresidente Iglesias para formar parte de una Comisión del CNI; el confinamiento; la prórroga de seis meses del estado de alarma; y la necesaria autorización judicial de determinas decisiones gubernamentales. Los motivos por los que se declararon inconstitucionales tales acciones fueron diversos pero curiosamente correlacionan con el corazón de nuestra democracia constitucional: la incompetencia manifiesta de un órgano administrativo para hacer según qué nombramientos; la suspensión de derechos fundamentales en el estado de alarma, extremo expresamente prohibido por la Constitución; la lesión de los derechos fundamentales de los parlamentarios; y la destrucción del principio de separación de poderes. Se vuelve a cumplir una máxima que podríamos tildar de libertaria: cuanto más regule un Gobierno, más ilegalidades acaba cometiendo, consciente o inconscientemente.

La cuarta reflexión tiene que ver con la filosofía que parecía latir al fondo de estas decisiones, convertidas algunas en puro dislate a la vista de sus resultados. Sufrimos uno de los confinamientos más severos del mundo y, a pesar de ello, se dispararon las tasas de mortalidad y enfermedad. Es obvio que ningún Gobierno sabía enfrentar los recovecos de un virus con una capacidad tal de destrucción pero no es menos cierto que es el Gobierno el que dispone de un arsenal en forma de recursos humanos y materiales que le deja en posición óptima para decidir. La modestia no fue una de las virtudes gubernamentales, como tampoco lo fue una gestión que, por lo demás, se rigió por la tan española *ley del péndulo*: pasamos de celebrar en las calles el 8M a un arresto domiciliario de casi tres meses sin apenas solución de continuidad.

El virus campaba por sus respetos como poco desde finales de 2019, existían indicios sólidos de tal cosa, países vecinos empezaban a tomar medidas drásticas; y nosotros, bailando en las calles sin saber lo que se avecinaba. Con todo y con eso, lo peor no es no saber gestionar una situación para la que nadie está preparado. Lo peor es que se hizo primero con tal desidia y dejadez y luego con tal dureza que tales circunstancias nos obligan ahora a reflexionar sobre la conveniencia de abrir diligencias para esclarecer lo sucedido. O dicho con otras palabras: intentar saber dónde acabó la ignorancia inevitable y dónde comenzó la producción de la ignorancia necesaria para la aceptación de las medidas restrictivas por una población atemorizada. Nos rasgamos mucho las vestiduras cuando se declara la inconstitucionalidad de esta o aquella medida pero nadie se ha interrogado en voz alta sobre si la depuración de responsabilidades no tendría que empezar su andadura.

La quinta reflexión descolla de las anteriores: hay que modificar el Derecho de excepción en nuestro país pero no para regular los eventos pasados sino con la vista puesta en el futuro en base a lo que hemos vivido desde 2020. No se trata de llevar a las normas medidas que ahora vendría bien tomar contra la pandemia sino que, basándonos en lo que se hizo bien y mal en su gestión, podríamos proponer modificar para mejorar pro futuro. Mucho nos tememos que tal cuestión no entrará, de momento, en la agenda política de ningún gobierno español, tenga el color que tenga.

BIBLIOGRAFÍA

Aba Catoira, A.; «El estado de alarma en España», *Teoría y Realidad Constitucional*, n.º 28, 2011.

Agudo González, J.; «Las funciones de los órganos judiciales a debate. Cuando circunstancias extraordinarias —la pandemia de la COVID-19— amenazan lo permanente —la separación de poderes—», *Revista Española de Derecho Constitucional*, n.º 126, 2022.

Ahmari, S.; *El hilo que une. Cómo descubrir la sabiduría de la tradición en una* época *de caos*, Rialp, Madrid, 2022.

Alba Rico, S.; *España*, Lengua de Trapo, Madrid, 2021.

Alonso García, N.; *Retos jurídico-políticos de las funciones parlamentarias y los novedosos instrumentos de participación en la democracia del siglo XXI*, Dykinson, Madrid, 2019.

Álvarez García, V.J.; «Los medios jurídicos necesarios para la lucha frente a las futuras pandemias», *Revista General de Derecho Administrativo*, n.º 59, 2022.

Álvarez Junco, J. y **Rubio Llorente, F.** (dirs); *El informe del Consejo de Estado sobre la reforma constitucional*, CEPC-Consejo de Estado, Madrid, 2006.

Álvarez Robles, T.; «El voto a través de las tecnologías de la información y de la comunicación en el contexto de unas elecciones generales en España: voto electrónico, voto telemático y voto por internet». En Álvarez Robles, T. (dir); *Crítica interdisciplinar de los sistemas de votación electrónica: revisando la democracia digital*, EOLAS Ediciones, León, 2022.

Alzaga Villaamil, Ó.; *Comentario sistemático a la Constitución de 1978*, Marcial Pons, Madrid, 2016 (2.ª edición).

Amat, V.; *Psicología punk. Contra el pensamiento positivo y naif*, Penguin Random House, Barcelona, 2022.

Aragón Reyes, M.; y **Gómez Montoro, Á.** (coords): *El gobierno: problemas constitucionales*, CEPC, Madrid, 2005.

Aragón, M.; De Carreras, F.; Díez Nicolás, J.; Fernández, T-R.; García Delgado, J.L.; Lamo De Espinosa, E.; Mangas, A.; Sosa Wagner, F.; y **Tortella, G.**; *España. Democracia menguante*, Fundación del Colegio Libre de Eméritos, Madrid, 2022.

Arnold, R.; «Pandemia y Constitución: la experiencia de Alemania», *Revista Catalana de Dret Públic*, n.º extra 3, 2020.

Beckerman, G.; *Antes de la tormenta. Los orígenes de las ideas radicales*, Crítica, Barcelona, 2023.

Bercholc, J.O.; «El impacto del COVID-19 en la calidad democrática de la argentina». En Tudela, J; y Kölling, M. (eds.); *COVID-19, calidad democrática y parlamentos. Una visión comparada*, Fundación Manuel Giménez Abad-Marcial Pons, Madrid, 2022.

Biglino Campos, P.: «El Tribunal de Cuentas como garantía del Estado Social, del Estado Democrático y del Estado de Derecho», *Teoría y Realidad Constitucional*, n.º 44, 2019.

Biglino Campos, P.; y **Durán Alba, J.** (dirs); *Los efectos horizontales de la COVID-19 sobre el sistema constitucional. Estudios sobre la primera oleada*, Fundación Manuel Giménez Abad, Zaragoza, 2021.

Bilbao Ubillos, J.M.; Rey Martínez, F.; y **Vidal Zapatero, J.M.**: *Lecciones de Derecho Constitucional I*, Aranzadi, Cizur Menor, 2018 (4.ª edición).

Bilbao Ubillos, J.M.ª; «Los derechos fundamentales en la Constitución Española». En Biglino Campos, P.; Bilbao Ubillos, J.M.ª; Rey Martínez, F.; Matia Portilla, F.J.; y Vidal Zapatero, J.M. (coords.); *Lecciones de Derecho Constitucional II*, Aranzadi, Cizur Menor, 2022, 3.ª edición.

Blasco Altuna, J.A. y **Pérez De Eulate González, B.**; «Aproximación al derecho de emergencia desde la jurisprudencia constitucional», *Revista del Parlamento Vasco: LEGAL*, n.º 3, 2022.

Bouazza Ariño, O.; «Notas de jurisprudencia del Tribunal Europeo de Derechos Humanos», *Revista de Administración Pública*, n.º 216, 2021.

Bouazza Ariño, O.; *La casación en el contencioso-administrativo*, Civitas-Thomson Reuters, Cizur Menor, 2020.

Bustos Gisbert, R.; «Democracia y pandemia», en Tudela, J.; y Kölling, M. (eds.); *Calidad democrática y Parlamento*, Fundación Manuel Giménez Abad-Marcial Pons, Madrid, 2022.

CANOSA USERA, R.; y **ARNALDO ALCUBILLA, E.** (dirs); *El Derecho Constitucional ante el COVID-19. Las diferentes respuestas en el* ámbito *comparado*, Wolters Kluwer, Las Rozas (Madrid), 2020.

CARABANTE MUNTADA, J.M.ª; «De la biopolítica a la psicopolítica, y vuelta». En SÁNCHEZ SÁEZ, A.J. (coord.); *Las restricciones de derechos y libertades con ocasión del COVID-19*, Comares, Granada, 2022.

CARABANTE MUNTADA, J.M.ª; «Pandemia y ética del cuidado. Bosquejo de una antropología del ser doliente». En MARTÍNEZ-SICLUNA SEPÚLVEDA, C; y CARABANTE MUNTADA, J.M.ª (eds.); *Pandemia y Estado de Derecho*, Tirant lo blanch, Valencia, 2022.

CARMONA CUENCA, E.; «Estado de alarma, pandemia y derechos fundamentales ¿limitación o suspensión?», *Revista de Derecho Político*, n.º 112, 2021.

COTINO HUESO, L.; «La (in)constitucionalidad de las restricciones y suspensión de la libertad de circulación por el confinamiento frente a la covid». En GARRIDO LÓPEZ, C. (coord.); *Excepcionalidad y Derecho: el estado de alarma en España*, Fundación Manuel Giménez Abad, Zaragoza, 2021.

COTINO HUESO, L.; «Los Reglamentos en España: la fuente del Derecho más común y quizá la más desconocida», *IUSTA*, n.º 26, 2007.

COTINO HUESO, L.; *El modelo constitucional de Fuerzas Armadas*, CEPC, Madrid, 2002.

DE CASTRO, J.A.; *No sólo es Soros. La amenaza del globalismo totalitario en tiempos del coronavirus*, Homo Legens, Madrid, 2021.

DE ESTEBAN, J.; *El libro que democratizó España. Memorias constituyentes*, Tirant lo blanch, Valencia, 2021.

DE LA QUADRA-SALCEDO JANINI, T.; «Estado Autonómico y lucha contra la pandemia». En BIGLINO CAMPOS, P.; y DURÁN ALBA, J.F. (dirs.); *Los efectos horizontales de la COVID-19 sobre el sistema constitucional: estudios sobre la primera oleada*, Fundación Manuel Giménez Abad, Zaragoza, 2021.

DE LÁZARO REDRUELLO, G.; «¿Parlamentarismo sin mayorías o parlamentarismo «sin Gobierno»?», *Revista de Estudios Políticos*, n.º 182, 2018.

DE LÁZARO REDRUELLO, G.; «Viejas y nuevas interpretaciones del artículo 99 de la Constitución», *Revista General de Derecho Constitucional*, n.º 28, 2018.

DÍEZ-PICAZO, L.M.ª; *Sistema de derechos fundamentales*, Tirant lo blanch, Valencia, 2021.

DÍEZ-PICAZO, L.M.ª; *Ordenamiento constitucional español,* Tirant lo Blanch, Valencia, 2020.

DOBELLI, R.; *El arte de pensar. 52 errores de lógica que es mejor dejar que cometan otros*, Penguin Random House, Barcelona, 2016.

DREHER, R.; *Vivir sin mentiras. Manual para la disidencia cristiana*, Encuentro, Madrid, 2021.

DUEÑAS CASTRILLO, A.I.; FERNÁNDEZ CAÑUETO, D.; GUERRERO VÁZQUEZ, P.; y MORENO GONZÁLEZ, G. (coords); *La Constitución en tiempos de pandemia*, Dykinson, Madrid, 2021.

ECONOMY, E.C.; *El mundo según China*, Esfera de los Libros, Madrid, 2023.

ERREJÓN, I.; *Con todo. De los años veloces al futuro*, Planeta, Barcelona, 2021.

FERRER MARTÍN DE VIDALES, C.; «Personal data on people´s political opinions: the controversial attempt to regulate their use in Spain». En FERNÁNDEZ RIVEIRA, R.M.ª; y SÁNCHEZ NAVARRO, Á. (dirs); *Reflections for quality democracia in a technological age (part two)*, Aranzadi, Cizur Menor, 2023.

FRIEDRICH, C. J.; *Gobierno constitucional y Democracia,* Instituto de Estudios Políticos, Madrid, 1975, Vol. II.

FUERTES, M.; «La Constitución en tiempos de pandemia», *Revista Jurídica de la Universidad de León*, n.º 8, 2021.

GARCÍA FERNÁNDEZ, J.; *Estudios sobre el gobierno*, INAP, Madrid, 2007.

GARCÍA-ESCUDERO, P.; «El debido retorno del Parlamento a los hábitos prepandemia». En TUDELA, J.; y KÖLLING, M. (eds.); *Calidad democrática y Parlamento*, Fundación Manuel Giménez Abad-Marcial Pons, Madrid, 2022.

GARCÍA-ESCUDERO, P.; «Crisis sanitaria y modelo autonómico». En TUDELA ARANDA, J. (coord.); *Estado autonómico y COVID-19: un ensayo de valoración general*, Zaragoza, 2021.

GARRIDO LÓPEZ, C.; «Estados democráticos y modelos comparados de excepción. Un balance tras el stress test de la COVID-19». En TUDELA, J.; y KÖLLING, M. (eds.); *COVID-19, calidad democrática y parlamentos. Una visión comparada*, Fundación Manuel Giménez Abad-Marcial Pons, Madrid, 2022.

GARRIDO LÓPEZ, C.; *Decisiones excepcionales y garantía jurisdiccional de la Constitución*, Marcial Pons, Madrid, 2021.

GARROTE DE MARCOS, M.ª; «Debate parlamentario y control al Gobierno». En TUDELA, J.; y KÖLLING, M. (eds.); *Calidad democrática y Parlamento*, Fundación Manuel Giménez Abad-Marcial Pons, Madrid, 2022.

González-Hernández, E. (dir); *La nueva "cultura de la responsabilidad"*, Comares, Granada, 2019.

González-Hernández, E.; «COVID-19, vacunación obligatoria y derechos fundamentales al hilo de la sentencia del Tribunal Europeo de Derechos Humanos Vavricka y otros c. República checa. Un falso dilema», *Anuario Iberoamericano de Justicia Constitucional*, n.º 25, vol. 2, 2021, pp. 373-402.

Greciet García, E.; «Las convocatorias a elecciones autonómicas durante la pandemia del COVID-19», en Tudela, J.; y Kölling, M. (eds.); *Calidad democrática y Parlamento*, Fundación Manuel Giménez Abad-Marcial Pons, Madrid, 2022.

Gúmpert, M.; *Infodemics, posverdad y la sociedad que viene*, Ciudadela, Madrid, 2022.

Hertz, N.; *El siglo de la soledad. Recuperar los vínculos humanos en un mundo dividido*, Paidós, Barcelona, 2020.

Iglesias Bárez, M.; «Los estándares del consejo de Europa y de la comisión de Venecia para declarar el estado de emergencia por la COVID-19. Un estudio especial de la celebración de elecciones en el consejo de Europa en tiempos de pandemia». En Figueruelo Burrieza, Á. (dir); y Martín Guardado, S. (coord.); *Nuevas tendencias en materia de derechos y libertades*, Aranzadi, Cizur Menor, 2022.

Kölling, M.; «COVID-19 y la crisis de la democracia representativa en Alemania». En Tudela, J.; y Kölling, M. (eds.); *COVID-19, calidad democrática y parlamentos. Una visión comparada*, Fundación Manuel Giménez Abad-Marcial Pons, Madrid, 2022.

López Guerra, L.M.; *El Convenio Europeo de Derechos Humanos. Según la jurisprudencia del Tribunal de Estrasburgo*, Tirant lo blanch, Valencia, 2021.

Laje, A.; *Generación idiota. Una crítica al adolescentrismo*, Harper Collins, México, 2023.

López Guerra, L.M.; *La Constitución de España*, Tirant lo Blanch, Valencia, 2019.

López Guerra, L.; «Sobre las disfunciones de la democracia representativa: algunas propuestas», *Cuestiones Constitucionales*, n.º 1, 2020.

López Ramón, F.; *La caracterización jurídica de las Fuerzas Armadas*, CEPC, Madrid, 1987.

Lucas Murillo De La Cueva, P.; «La pandemia, el estado de alarma y los jueces», *Revista Vasca de Administración Pública*, n.º 121, 2021.

Mamet, D.; *Himno de retirada. La muerte de la libertad de expresión y por qué nos saldrá cara*, Deusto, Barcelona, 2023.

Martín Guardado, S.; «Aplazamiento electoral vs. Suspensión del derecho de sufragio. A propósito de las elecciones al Parlamento de Cataluña del 14 de febrero de 2021». En Figueruelo Burrieza, Á. (dir); y Martín Guardado, S. (coord.); *Nuevas tendencias en materia de derechos y libertades*, Aranzadi, Cizur Menor, 2022.

Martínez Atienza, G.; *La defensa nacional y su protección penal*, Experiencia, Madrid, 2020.

Martínez Cuevas, M.ª D.; *La suspensión individual de derechos y libertades fundamentales en el ordenamiento constitucional español: Un instrumento de defensa de la Constitución de 1978*, Comares, Granada, 2002.

Martínez Muñoz, J.A.; «Distopía y pandemia». En Sánchez Sáez, A.J. (coord.); *Las restricciones de derechos y libertades con ocasión del COVID-19*, Comares, Granada, 2022.

Martínez-Sicluna Sepúlveda, C.; «La pandemia como política». En Martínez-Sicluna Sepúlveda, C.; y Carabante Muntada, J.M.ª (eds.); *Pandemia y Estado de Derecho*, Tirant lo blanch, Valencia, 2022.

Masferrer, A.; *Libertad y* ética *pública*, Sekotia, Córdoba, 2022.

Mateos y De Cabo, Ó.I.; «El derecho a la vida y a la salud de las personas mayores en la pandemia del COVID-19 y los protocolos médicos en Italia y España», *Queste Istituzioni*, n.º 2, 2022.

Matia Portilla, F.J.; «Tribunales constitucionales y derechos fundamentales en Europa». En Ripoll Carulla, S.; y Ugartemendía Eceizabarrena, J.I. (dirs); *La Carta de Derechos Fundamentales de la Unión Europea, veinte años después*, Marcial Pons, Madrid, 2022.

Matia Portilla, F.J.; «Ensayo de aproximación a las cuestiones planteadas por la crisis sanitaria en relación con el estado autonómico». En Tudela Aranda, J. (coord.); *Estado autonómico y COVID-19: un ensayo de valoración general*, Zaragoza, 2021.

Matia Portilla, F.J.; *Los tratados internacionales y el principio democrático*, Marcial Pons, Madrid, 2018.

Miguel Bárcena, J.De.; y **Tajadura Tejada, J.**; *Kelsen versus Schmitt. Política y derecho en la crisis del constitucionalismo*, Guillermo Escolar Editor, Madrid, 2022, 3.ª edición.

Mounk, Y.; *El gran experimento. Por qué fallan las democracias diversas y cómo hacer que funcionen*, Paidós, Barcelona, 2022.

NEUBURGER, R.; *Existir. El más* íntimo *y frágil de los sentimientos*, Kairós, Barcelona, 2022.

NIETO JIMÉNEZ, J.C.; «Gobierno, Senado y Tribunal Constitucional ante la coerción estatal». *El procedimiento del artículo 155 de la Constitución Española*, CEPC, Madrid, 2020.

OLLERO TASSARA, A.; *Votos particulares*, Tirant lo blanch, Valencia, 2022.

PASCUA MATEO, F.; «Nuevos (y necesarios) límites a las comisiones de investigación, competencias autonómicas y la inviolabilidad del Rey: Comentario a la Sentencia del Tribunal Constitucional 111/2019, de 2 de octubre», *Revista de las Cortes Generales*, n.º 108, 2020.

PAROLARI, S.; «COVID-19 and the crisis of representative democracy in Italy». En TUDELA, J.; y KÖLLING, M. (eds.); *COVID-19, calidad democrática y parlamentos. Una visión comparada*, Fundación Manuel Giménez Abad-Marcial Pons, Madrid, 2022.

PÉREZ, J.I.; y **SEVILLA, J.**; *Los males de la ciencia*, Pamplona, 2022.

PÉREZ SERRANO, N.; *Tratado de Derecho político*, Civitas, Madrid, 1976.

PINTO DE ALBUQUERQUE, P.; y **PRECIADO DOMÉNECH, C.H.**: *Hablemos de derechos humanos: la doctrina del TEDH y su aplicación en España desde los votos particulares del Juez Paulo Pinto de Albuquerque*, Tirant lo Blanch, Valencia, 2020.

POMED SÁNCHEZ, L.; «Algunas notas sobre los sucesivos estados de alarma declarados en 2020». En TUDELA ARANDA, J. (coord.); *Estado autonómico y COVID-19: un ensayo de valoración general*, Zaragoza, 2021.

POOLE DERQUI, D.; «Frente a la arbitrariedad, más iusnaturalismo. Una reflexión sobre la ley natural a raíz de los abusos cometidos durante la pandemia de 2020». En SÁNCHEZ SÁEZ, A.J (coord.); *Las restricciones de derechos y libertades con ocasión del COVID-19*, Comares, Granada, 2022.

PRESNO LINERA, M.Á.; «La inadecuación del estado de alarma para afrontar una pandemia moderna». En VVAA; *La protección de la salud frente al riesgo de contagio. Prevención, coerción y responsabilidad*, Wolters Kluwer Legal & Regulatory, Madrid, 2022.

PRESNO LINERA, M.Á.; «El estado de alarma en crisis», *Revista de las Cortes Generales*, n.º 111, 2021.

PROCTOR, R.N.; «Agnotología. El término que faltaba para describir la producción cultural de la ignorancia (y su estudio)». En PROCTOR, R.N.; y SCHIEBINGER, L. (eds.); *Agnotología. La producción de la ignorancia*, Prensas de la Universidad de Zaragoza, Zaragoza, 2022.

Rodríguez Ayuso, J.F.; y **Atienza Macías, E.** (coords.); *Retos jurídicos ante la crisis del COVID-19*, Wolters Kluwer, Las Rozas (Madrid), 2020.

Rubio Núñez, R.; *La administración consultiva como mecanismo de participación ciudadana*, CEPC, Madrid, 2020.

Ruiz Bursón, F.J.; «La jurisprudencia constitucional española sobre los estados de alarma de 2020». En Sánchez Sáez, A.J (coord.); *Las restricciones de derechos y libertades con ocasión del COVID-19*, Comares, Granada, 2022.

Salecl, R.; *Pasión por la ignorancia. Qué elegimos no saber y por qué*, Paidós, Barcelona, 2023.

Sánchez Sáez, A.J; «El fiasco de los pasaportes COVID en España: Casuismo autonómico intolerable y falta de idoneidad como medida de control de contagios». En Sánchez Sáez, A.J (coord.); *Las restricciones de derechos y libertades con ocasión del COVID-19*, Comares, Granada, 2022.

Santaolalla López, F.: *Derecho parlamentario español*, Dykinson, Madrid, 2019 (2.ª edición).

Sarrión Esteve, J.; *El Tribunal de Justicia de Luxemburgo como garante de los derechos fundamentales*, Dykinson, Madrid, 2015.

Sartea, C.; «Pandemia magistra vitae. Aprender de las catástrofes». En Sánchez Sáez, A.J (coord.); *Las restricciones de derechos y libertades con ocasión del COVID-19*, Comares, Granada, 2022.

Setiya, K.; *La vida es dura. Filosofía para encontrar nuestro camino*, Paidós, Barcelona, 2022.

Smith, Z.; *Contemplaciones*, Salamandra, Barcelona, 2020.

Sosa Wagner, F.; y **Fuertes, M.**; *Panfleto contra la trapacería política*, Editorial Triacastela, Madrid, 2021.

Triguero Ortiz, O.; *El Consejo de Estado y los* órganos *consultivos autonómicos*, Dykinson, Madrid, 2014.

Tudela Aranda, J.; (coord.); *Estado autonómico y COVID-19. Un ensayo de valoración general*, Fundación Manuel Giménez Abad, Zaragoza, 2021.

Urrutia Sagardía, E.; «Estado de alarma en España por el Covid 19. Medidas del Real Decreto 463/2020, de 14 de marzo», *Revista Aranzadi Digital*, n.º 1, 2020.

Velayos, Vega, J.; «Pandemia, ciudadanía, Estado», En Martínez-Sicluna Sepúlveda, C; y Carabante Muntada, J.M.ª (eds.); *Pandemia y Estado de Derecho*, Tirant lo blanch, Valencia, 2022.

Vidal Prado, C.; y **Delgado Ramos, D.**; «Algunas consideraciones sobre la declaración del Estado de Alarma y su prórroga», *Revista Española de Derecho Constitucional*, n.º 92, 2011.

VVAA; «Encuesta sobre el Derecho de excepción», *Teoría y Realidad Constitucional*, n.º 48, 2021.

Zagrebelsky, G.; *Derechos a la fuerza*, Trotta, Madrid, 2023.

Zamora Bonilla, J.; *Contra apocalípticos. Ecologismo, animalismo, posthumanismo*, Shackleton Books, Barcelona, 2021.

Made in United States
North Haven, CT
05 November 2026

21766160R00083